우니히필리 이야기

하와이 힐링과 함께하는 내면아이 치유

목차

우나훼판의 리딩과 기본 개념 정리_Kahuna Park / 5

우나훼판(우나하파라)와 영혼의 치유_몽윌 / 15

이 세상 모든 곳에 우나훼판(우나하파라)가 있다_베렌 / 29

우나훼판(우나하파라)와 기억을 정화하다_성문 / 39

우나훼판(우나하파라)와 함께하는 자유_신교치 / 49

우나훼판(우나하파라)도 함께하는 맑은 삶_에스텔 / 65

마음을 옭아매는 우나훼판(우나하파라)를 정화하다_오베른 / 81

우나훼판(우나하파라)와 함께하는 삶_은하수 / 98

우나훼판(우나하파라)가 상담도 한다_조이스 / 109

사물에 깃들어있는 우나훼판(우나하파라)_초인령/쯔까가루 / 122

늘 함께하는 친구, 우나훼판(우나하파라)_하나비 / 135

어디서나 함께하는 우나훼판(우나하파라)_혜심 / 145

우나훼판(우나하파라)와 함께 하는 삶의 마법_혜연 / 156

우나훼판(우나하파라)와 내 삶을 정화하다_혜진 / 168

우나훼판(우나하파라)와 정화하는 삶_Seraphima / 179

우니히필리 리딩과 기본 개념 정리

이곳에서 하려는 이야기는 하와이의 치유 시스템인 후나(Huna)와 호오포노포노(Ho'oponopono)에서 우니히필리(Unihipili) 혹은 우니히피리라는 자신의 내면에 함께 살아가는 아이와 소통하는 사람들의 이야기입니다. 이야기를 읽기 전에 간단하게 여기에서 사용하는 개념에 대해 설명을 하고자 합니다.

후나의 세 자아

우니히필리는 하와이의 비밀 지식인 후나(Huna)에서 말하는 사람의 세 가지 자아 중 한가지입니다. 후나에서는 사람의 자아를 셋으로 보아서 초의식 혹은 상위의식을 아마쿠아(Aumakua)라고 하며, 지금 자신을 자신이라고 인식하도록 하는 현재의식을 우하네(Uhane)라고 하며, 우리의 기억을 모두 저장하고 필요할 때에 기억을 되살리는 잠재의식을 우니히필리(Unihipili)라고 합니다.

우니히필리는 잠재의식을 말합니다. 그리고 가장 낮은 층의 자아입니다. 우니히필리는 기억을 저장합니다. 기분이나 감정, 그리고 태도나 표현, 경험 모두가 우니히필리가 저장합니다. 콤플렉스나 고정관념도 우니히필리가 담당하는 부분이지요. 그러므로 우니히필리는 습관, 버릇 등을 다루는 것은 물론이고 외부에 일어나는 일에 대한 반응도 담당합니다.

우하네는 평소 내가 나임을 인지하는 현재의식을 얘기합니다. 평소 생활을 할 때 드러나는 일상적인 상태의 마음 영역이며 생각과 의지를 담당합니다. 현재의식은 바깥세상을 체험할 수 있고 잠재의식에게 바깥 세상에 대한 정보를 전달해주는 역할을 합니다. 하지만 초의식인 아마쿠아와는 직접적으로 소통할 수 없습니다.

아마쿠아는 초의식으로, 우리가 보고 체험하지 못하는 초월적인 세상을 볼 수 있는 의식입니다. 이 초월적인 세상은 모든 것이 균형을 이루도록 하는 거대한 흐름으로, 이것을 이오(Io)의 파도라고 합니다. 아마쿠아는 이오의 파도를 볼 수 있기 때문에, 현재 체험하는 일이 어떠한 의미인지 알고 있습니다.

세 자아의 소통

세 자아는 셋이 함께 상호작용하지 못합니다. 그뿐만 아니라 상호작용을 하는 자아끼리도 서로 손발이 맞지 않아서 많은 일들이 복잡해지곤 합니다.

그림 1. 세 자아의 관계

이 그림을 보면 쉽게 이해할 수 있습니다. 위에서부터 아마쿠아, 우하네, 우니히필리입니다. 각각은 서로 전화기 선으로 연결되어 있습니다. 그러므로 아마쿠아와 우니히필리, 우니히필리와 우하네가 서로 소통할 수 있습니다. 아마쿠아는 그림에서 태극으로 표현된 이오의 파도를 보고 우니히필리에게 얘기해줍니다. 우하네는 나무로 표현된 외부의 세상을 보고 우니히필리에게 얘기해줍니다. 하지만, 우니히필리는 지하에 있어서 이오의 파도는 물론이고 바깥 세상도 보지 못한 채로 아마쿠아와 우하네에게 들은 이야기를 저장하고 이것을 기억으로 만들어서 다시 우하네가 체험하는 세상에 뿌려주게 됩니다. 이것이 바로 우니히필리의 방에서 연결된 기억의 창고입니다.

우니히필리가 저장하는 기억은 우리가 체험하는 외부 세상에 영향을 줍니다. 가장 쉬운 예를 들자면, 지금까지 아버지에게 학대받았던 경험과 기억을 가지고 있으면 아버지와 유사한 사람과 만날 때에 위축되고 긴장하게 됩니다. 이것이 바로 과거의 기억이 현재의 체험에 영향을 주는 것이며 이것이 우니히필리의 일입니다.

정화

이렇게 우니히필리가 과거의 기억을 더 이상 현재의 체험에 반영시키지 않도록 하는 것이 정화, 호오포노포노(Ho'oponopono)입니다. 단지, 이 기억의 정화는 우니히필리가 할 수 있는 것이 아니라 아마쿠아가 허락을 해야만 가능합니다. 우니히필리는 어느 기억을 정화할 것인지 아마쿠아에게 보내는 역할을 합니다. 그러므로 우니히필리에게 정화를 가르치고 아마쿠아에게 연락해서 이 기억을 정화해도 되는지를 물어보는 과정이 호오포노포노입니다.

우니히필리 이미지 리딩

그러면 어떻게 우니히필리에게 정화를 가르치고 우니히필리와 소통할 수 있을까요? 그 방법이 여기에서 앞으로 말하게 될 우니히필리 이미지 리딩입니다.

우니히필리는 느낌이나 충동성으로는 나타나지만 어떠한 모습을 가지고 있지 않기 때문에 우리가 인지할 수 없습니다. 그러므로 이 우니히필리를 우리(우하네)가 이해할 수 있도록 이미지를 통해 우니히필리를 이해하는 것입니다. 심리학자 C.G. 융은 이미지란 우리의 내면을 외부로 이끌어내는 것이라고 했습니다. 이와 같이, 우리의 내면에 있는 우니히필리라는 어떠한 느낌을 이해할 수 있도록 이미지를 빌려서 우니히필리와 소통하는 것입니다.

그러므로 우니히필리 이미지는 우니히필리 그 자체가 아닙니다. 단지 이미지는 우니히필리와 소통하기 위한 도구이며, 컴퓨터를 사용하기 위해 윈도우, 리눅스 등을 설치해서 사용하는 것처럼 이미지를 통해 우니히필리와 소통하는 것입니다.

하지만, 이러한 이미지가 없다면 우니히필리와 함께 작업을 할 수 없습니다. 정화를 비롯한 우니히필리와 함께 하는 수많은 것들이 우니히필리 이미지가 필요하기 때문에 우니히필리 이미지 리딩이 필요한 것입니다.

정화도구와 우니히필리 이미지 리딩

다시 정화로 이야기를 돌리겠습니다. 우니히필리가 아마쿠아에게 이 기억을 정화해도 되는지 허가를 받는 과정이 호오포노포노, 정화라고 했습니다. 그러므로 아마쿠아가 허가하지 않는 기억도 있습니다. 이것이 바로 정화가 어려운 이유입니다.

이 정화의 허가를 받는 전체 과정을 하나씩 하나씩 우니히필리와 함께 해 나가는 것이 일반적인 호오포노포노입니다. 하지만 모든 사안들을 이렇게 하나하나 정화하게 되면 시간도 많이 들 뿐더러 많은 힘이 드는 일입니다. 그러므로 이것을 단축시키기 위해 아마쿠아에게 정화를 해도 되는지를 묻는 과정을 자동화시키는 것이 바로 정화도구입니다. 즉, 우니히필리에게 정화도구를 보여주게 되면 우니히필리가 그 정화도구를 보는 것으로 정화의 프로세스 전체를 자동적으로 진행하게 하는 것이지요.

이 정화도구는 크게 세 가지로 나눠볼 수 있습니다. 첫 번째는 「보편적 정화도구」입니다. 이것은 보편적으로 많은 사람이 사용할 수 있는 정화도구입니다. "미안합니다. 용서해주세요. 감사합니다. 사랑합니다."로 이루어진 네 마디의 문장이라거나 블루 솔라 워터, 치포트 등의 정화도구가 이에 속합니다. 두 번째는 「개인적 정화도구」입니다. 이것은 사람마다 각기 다른 것으로, 누군가에게는 작동하는 도구이지만 다른 사람에게는 작동하지 않는 도구가 됩니다. 마지막으로는 「구체적 정화도구」입니다. 즉, 단순히 한 사람의 모든 문제에 대한 정화가 아니라 구체적 사안에 적용시킬 수 있는 정화도구가 됩니다.

이 각각의 도구는 사용처가 다릅니다. 이것을 약으로 비유해 봤을 때, 「보편적 정화도구」는 건강 보조식품, 「개인적 정화도구」는 일반 의약품, 「구체적 정화도구」는 처방을 받아서 사용하는 의약품으로 비유해 볼 수 있습니다.

그러므로 「보편적 정화도구」를 사용해서 정화가 이루어진다면 그냥 그것으로 좋은 것입니다. 하지만, 이것으로 정화가 이루어지지 않는 경우에는 혹은 정화를 해야 하는 사안이 복잡하거나 그 뿌리가 깊다면 「개인별 정화도구」 혹은 「개인적, 특정 사안에 대한 정화도구」를 찾아서 정화를 해야만 합니다. 바로 이 두 가지 정화도구를 찾기 위해서 우니히필리 이미지 리딩을 행하는 것입니다.

정리하자면 우니히필리 이미지 리딩이란 우니히필리와 이미지를 통해서 소통을 하고 그 소통의 결과로 리딩받는 사람에게 적합한 정화도구를 찾는 것이라고 볼 수 있습니다. 그러므로 우니히필리 이미지 리딩 상담을 받게 되면 정화도구를 찾아내는 것이 최종 목표가 됩니다. 사라에 따라서는 자신의 우니히필리와 소통을 위하여 이름과 모습을 알아낼 수도 있지만 이것은 정화에 있어서 필수적인 부분은 아닙니다.

레이키

　이곳에서 소개하는 방식에서는 레이키를 이용하여 우니히필리에게 에너지를 보냅니다. 레이키(Reiki)란 일본에서 시작한 에너지 치유기법입니다. 현재에는 미국을 비롯한 서양을 중심으로 널리 퍼진 치유 기법으로, 약 100년 가량의 역사를 가지고 있습니다.
　여기에서는 레이키를 치유의 목적이 아니라 우니히필리에게 에너지를 주거나 정화를 하고 싶은 사안이 치유되어 스스로 풀려나가도록 하기 위해서 사용합니다. 레이키를 통해 치유를 하게 되면 에너지가 소모된다거나 하는 것이 아니라 치유자 자신도 치유가 되기 때문에 각종 명상에서도 범용적으로 사용하는 기법입니다.

우니히필리와 영혼의 치유_몽월

카카오톡 : soulvborn

이메일 : nse0121@naver.com

   3년전 서비스업에서 일을 했습니다. 사람들에게 물건을 파는 전화업무를 했고, 그 다음엔 S사 제품 A/S 접수하는 전화 상담 업무였습니다. 일을 하면서 많은 스트레스를 받았습니다. 전화를 해서 업무를 소개하기 무섭게 욕설이 쏟아졌고 인격모독적인 말을 들어야 했습니다. 또는 내 설명을 다 듣는 척 하더니 '그런거 필요없어' 말한 뒤 뚝 끊어버리는 사람 등 저를 힘들게 하는 상황을 많이 겪었습니다.

   S사 서비스 접수 일도 마찬가지였습니다. 자기가 구매한 제품에 대한 불만을 시작으로 왜 아직도 서비스 접수가 안되냐, 무슨

서비스가 이렇게 느려터졌냐며 저에게 불만을 토로하고 그걸 묵묵히 들어야 했습니다. 그 때가 가장 바쁜 여름 성수기 시즌이었기에 그 불만은 더 심했습니다.

술도 마시지 않고, 혼자서 스트레스를 푸는 저에게 야식은 당연한 선택이었습니다. 일이 끝나면 11시쯤 되었고 집 근처 편의점에서 빵과 우유 그리고 과자를 사면서 스트레스를 풀었습니다. 스트레스가 가장 심할 때는 닭강정(중간 사이즈)와 탄산음료 1.5리터 그리고 큰 빵을 사서 그날 밤에 다 먹고 잠들었습니다. 배가 부르면 잠을 자고, 새벽에 일어나 다시 먹고 잠드는 날도 있었습니다.

야식 외에 다른 스트레스를 풀 수 있는 방법은 없었습니다. 친구들과 만나기엔 너무 늦은 시간이었고 주말엔 피곤한 몸을 이끌고 밖으로 나가고 싶지 않았습니다. 그러다보니 자연스럽게 비만이 되어갔습니다. 배는 올챙이처럼 불룩 나오고 턱의 경계는 사라지고, 행동도 많이 느릿느릿 변해갔습니다. 행동하는 것도 싫고 뭔가 생각하는 것조차 싫었습니다. 그저 혼자 있고 싶고 날 배부르게 할 수 있는 간식거리만 있으면 만족했습니다.

이런 제 모습이 안타까웠는지 부모님과 할머니는 제발 나가서 움직이라는 얘기와 살찐 몸을 보라며 화내는 날이 점점 늘어났습니다. 집에서 쉬고 싶었던 저에게 부모님과 할머니 잔소리는 듣기 싫은 소리였고, 그 스트레스를 푼다는 이유로 더 많이 야식을 먹었습니다.

이런 저에게 월급이 잘 모일 리 없었습니다. 예전에는 옷도 사입고 친구들과 당일치기 여행도 가고 했지만 월급은 오직 내 식욕을 채워주는 유일한 휴식이자 탈출구였습니다. 먹지 않고는 도저히 버틸 수가 없었습니다.

돈은 점점 부족해져 갔고, 오랜만에 체중계에 올라가니 충격을 받았습니다. 72kg 이상 쪄본 적 없던 제 몸은 어느새 감당할 수 없을 만큼 살쪄있었습니다. 사람들이 저를 보며 "너 너무 살찐거 아냐?" 라고 말했을 때 "이거 내가 마음만 먹으면 곧 뺄 수 있어. 별거 아냐"라고 입버릇처럼 해왔던 저에게 사태 심각성이 현실감 있게 다가왔습니다.

그러던 중 자기계발서에 빠지게 되었습니다. 「성공하는 사람들의 7가지 습관」으로 시작해서 유명하다는 책들은 다 사서 보았습니다. 읽을 때는 마음 속에 희망도 차고 '그래 난 이제 변할거야'라는 생각이 가득했습니다. 하지만 마지막 책장을 덮으면 너가 감당해야 하는 현실에 한숨이 휴- 하고 나왔습니다. 그땐 내가 아직 절박함이 부족하다는 생각에 다른 책을 구매하고 보았습니다. 물론 결과는 똑같았습니다. 책을 보고 희망을 얻고 바라보기 힘든 현실에 좌절하고 그 스트레스를 음식으로 풀기를 반복했습니다.

'역시 나는 변화할 수 없나봐'하는 생각으로 다시 본래 모습으로 돌아갔습니다. 그렇게 시간이 흘렀습니다. 도중에 운동을 하면서 잠깐 몸이 돌아오기도 했지만 동호회 모임에서 사람들과 밤샘을 반복하고, 스트레스를 여전히 음식으로 푸는 일이 반복되었습니다. "너 너무 살쪘다"는 말은 이미 익숙해졌기에 아무런 영향을 주지 못했습니다. 그저 그러려니 하면서 담아두지 않았습니다.

그러던 와중에, 2013년에 큐레이터님이 쓰신 「호오포노포노 : 입문편」을 보게 되었습니다. 그동안 봐 왔던 자기 계발서와는 달랐습니다. 다른 책들에서는 「내 안의 가능성을 믿어라, 나를 믿고 굳게 나아가라」라고 하는 식으로 나에게 집중되어 이야기를 했습니다. 하지만 호오포노포노에서는 돌보고 위로해줘야 하는 대상인 우니히필리리필리에 대한 얘기가 있었습니다. 검색을 해보니 우니히필리에게 호오포노포노를 가르쳐줘야 정화가 더 수월하다는 얘기도 있었습니다. 솔직히 이상했습니다. 내가 힘들고 고통스러운데 내 눈에는 보이지도 않는 내면의 아이를 위로해줘야 하다니. 위로받을 대상은 바로 나인데 말입니다. 그냥 이런 책이 있구나 정도로만 알고 기억 속에서 지워버렸습니다.

시간이 흐를수록 내 삶은 여전히 갈 곳을 몰라 우왕좌왕하고 있었습니다. 변화는 하고 싶은데 행동은 오래가지 못했습니다. 그러던중 지식 큐레이션 카페에서 「우니히필리 이미지 리더 양성 세션」을 보았습니다. 상대방의 우니히필리를 보고 리딩해줄 수 있다는 말에 신청을 했습니다.

  6월 4일, 세션을 해 주시는 큐레이터 님께 세션 받으러 갔습니다. 선생님과 1:1로 세션을 받는 것은 처음이라 무척 들떠있었습니다. 그런데 아침부터 이상한 일이 일어났습니다. 일을 하는데 한 번도 무언가에 베인 적이 없었는데 왼쪽 엄지 손가락이 베여 있었습니다. 날카로운 물건이 전혀 없는데 이상했습니다. 하지만 별거 아니라고 생각하고 하던 일에 다시 집중했습니다. 그리고 아버지에 대한 안좋은 기억(죽을 뻔 했던)이 아침부터 마음 속에서 올라와 마음을 무겁게 했습니다. 여지껏 떠오른 적도 없던 일인데 일하는 내내 그 기억이 떠올라서 무척 괴로웠습니다. 일을 마치고 지하철을 환승해서 강남역을 가려고 했는데 시간 초과로 환승이 되지 않았습니다. 이제 슬슬 불안해지고 왜 내게 이런 일이 일어나는지 이해할 수 없었습니다. 마치 내 안의 분노를 온몸으로 퍼트리는 듯한 기분이었습니다, 이런 기분이 얼굴에 다 드러나길 바라는 것 처럼 연속해서 일이 발생했습니다. 그런데 여유롭게 왔는데도 30분이나 일찍 도착했습니다. 근처 옷가게에서 아이쇼핑을 해도 시간은 흐르지 않고, 이전에 큐레이터님 께서 "일찍 도착해서 미리 오는것도 결례다."는 말씀이 떠올랐습니다. 문 앞에서 15분정도 땀 흘리며 기다리고 2분정도 남았을 때 조심스레 들어갔습니다.

큐레이터님과 웃으면서 세션을 시작했습니다. 어떻게 지내는지, 여자친구는 있는지, 어떤 분야에 관심이 있는지, 수기요법(마사지)에 대한 개인교습 질문, 강의는 무엇을 들었는지, 뭐가 힘들었는지를 30분 가량 대화했습니다. 그동안 머리속에서 맴돌던 것이 입을 통해 나오니 왠지 현실감이 느껴졌고 온몸이 근질근질 움직이는 듯한 느낌이었습니다. 그런데 우니히필리 리딩 세션인데 얘기 나누는 것은 전혀 다른 내용이어서 조금 혼란스러웠습니다.

나 : 큐레이터님, 혹시 세션이 상담으로 바뀌었나요?
선생님 : 아뇨 에너지를 맞추고 있어서 그래요.

정말 상담을 통해서 내 단점이 드러날까봐 조마조마했습니다. 내 단점을 말하면서 울어버릴까봐 많이 걱정했습니다. 가슴 속에서 돌덩어리가 '이건 좀 말하기 싫어'하는 것들은 필터링 되어서 조심스레 대화를 했습니다. 그리고 세션이 시작되었습니다.

산 중턱에 우둘투둘한 바위가 보이고, 오래된 나무엔 잎사귀가

풍성하고 그 잎사귀들이 햇빛을 막아주는, 그리고 시원한 바람이 부는 곳이 떠올랐습니다. 그리고 거기서 제 우니히필리 「도리」를 만났습니다. 도리는 등 돌린 채 도토리를 계속 먹고 있었습니다. 말을 걸어도 시큰둥하고, 레이키를 보내줘도 받는 척 마는 척했습니다. 마치 "어이구 애쓴다 애써" 하는 느낌이었습니다. 내가 "앞으로 정화하는데 도와줄 수 있니?"하는 질문에 "싫어, 너 만나기 불편해, 도와주고 싶지 않아"라는 말을 했습니다. 한번 더 부탁하자 "나는 내가 원할 때 나타날거야" 라는 말과 함께 사라졌습니다. 도리의 표정은 나를 대면하기 싫은 표정, 말을 섞기 싫어하는 표정이었습니다. 어쩌면 날 미워하고 있는지도 모릅니다.

우니히필리 이미지 리더 세션의 여러 장점 중 하나는 정답이 없다는 겁니다. 내가 느끼는대로 말하면 되는 것이 가장 좋았습니다. 이게 맞는건가? 내가 잘하고 있는가 하는 걱정이 크게 들지 않았습니다. 내가 느끼는 대로 말하고 체험하면 된다는 것이 우니히필리 이미지 리딩 세션의 장점중 하나입니다. 하지만 힘든 점도 있었습니다. 글이나 강의 때에 들었던 「정화」는 두 문장일 뿐이었습니다.

아 정화를 해야 내가 순한 삶을 사는구나! 정화해야겠다

이렇게 피상적이고 가볍게 느껴졌고, 그 무게를 감지하지 못했습니다. 그런데 세션 이후부터는 왼쪽 갈비뼈가 무척 묵직한 느낌이 강하게 들었습니다. 그건 아주 큰 공처럼 내 왼쪽 갈비뼈 안에서 살아있는 느낌이었습니다. '아, 이게 내가 가진 정화거리구나'라는 것을 본능적으로 느낄 수 있었습니다. 그리고 허리 위 척추에서 욱신거리는 고통이 느껴집니다. 이전에는 우니히필리가 내게 주는 신호를 '어디 아픈가? 뭐 시간이 지나면 괜찮아지겠지'라며 무시해왔습니다. 하지만 이제는 그걸 바라보고 느끼고 하나씩 하나씩 풀어갈 수 있는 능력을 얻게 되었습니다. 단 한시간의 세션이었지만, 우니히필리 리딩을 통해 순한 삶을 향해 살아가기 위한 첫걸음을 떼게 된 것 같습니다.

우니히필리 세션을 받은 후 바로 적용을 해보았습니다. 그런데 이게 왠걸? 「도리」는 여전히 제 말에 응답하지 않고 오히려 저를 상대하기 싫다는 듯 행동하기 시작했습니다. 말을 걸어보아도 레이키를 보내주어도 듣는 둥 마는 둥 하고 그냥 휙- 하며 사라지는 일이 많아졌습니다. 너무 혼란스러웠습니다. 하지만 포기하지 않고 계속 말을 걸었습니다. 그때부터 「도리」와 조금씩 소통이 되기 시작했습니다. 이유를 물어보니 "나에게 항상 말을 걸었지만, 응답해준 적이 없어서" 라고 말해주었습니다. 다양한 방식으로 저에게 말을 걸어왔지만, 가볍게 생각하거나 그냥 무시하는 일이 점점 반복되다 보니 「도리」도 저와의 소통을 포기한 것이었습니다. 그러던 중 제가 「도리」를 만나게 되었습니다. 하지만 「도리」는 어차피 한 두번만 아는 척하다가 자기를 포기할 줄 알았던지 계속 저를 무시해왔던 것이었습니다.

그렇게 「도리」와 소통을 시작하면서 내가 궁금했던 것들을 물어보았습니다. 그 중에 하나가 바로 '왜 계속 나는 야식을 끊지 못하는가'였습니다. 그러자 「도리」는 내게 군대의 이미지를 보여주었습니다. 전투화와 국방색 전투복 그리고 전투모자 이미지를 보여주었습니다. 어안이 벙벙했습니다. 군대있을 때가 가장 건강했고 날씬했었기 때문입니다. 야식을 하는 일은 거의 없었고, 야식을 먹었다 하더라도 체중은 항상 건강하게 유지했습니다. 의미를 이해할 수 없어서 「도리」에게 무슨 뜻인지 모르겠다고 하자 여전히 군대의 이미지만 제게 보여주었습니다. 동시에 불쾌함과 도망치고 싶은 느낌을 주었습니다. 그러자 군대에서 겪었던 일들이 떠오르기 시작했습니다. 저는 긴장을 하면 머리가 멍해지고 모든 행동이 느려집니다. 머리에서는 대답이 떠오르지만 입으로 나오기까지 오래 걸립니다. 군대에서 혼이 나면 위와 같은 상황이 발생되었습니다. 그리고 선임들에게 혼이 많이 났습니다. 혼이 날수록 위축되어가고 혼나는 상황은 점점 늘어만 갔습니다. 그 때마다 PX에 가서 빵과 우유를 사고 초콜릿을 들고 어두운 그늘에서 혼자 꾸역꾸역 먹고 내무반으로 돌아오는 일이 많아졌습니다. 하지만 군대에선 운동도 하고 훈련을 통해서 몸의 변화를 크게 느끼지 못했습니다. 이런 기억들로 인해서 이후에는 모든 스트레스를 야식으로 풀었던 것이었습니다. 그렇다면 어떻게 하면 야식을 멈출 수 있는지 물어보았습니다. 굉장히 신나는 느낌을 주었습니다. 온몸이 들썩이는 느낌이었습니다. '신나는 일이면 되는걸까?' 라고 묻자 여러 사람들과 들썩이는 이미지를 보여주었습니다. 그리고 「도리」는 사라졌습니다. 그리고 시간이 흘러 친목동호회 사람들과 모임을 가지고 2차로 노래방을 가게 되었습니다. 거기서 사람들과 신나게 놀았습니다. 방방 뛰고 소리 지르며 늦게까지 시간을 보냈습니다. 생각해보니 1차를 제외하곤 2차와 3차에선 음식을 거의 먹지 않았습니다. 그리고 집안에 있기보다는 사람들과 만나려고 나를 꾸미고 운동을 하기 시작했습니다. 그 때부터 몸의 변화가 시작되었고 "너 많이 살쪘는데?" 라는 말 보다는 "요즘 운동하나보네, 얼굴이 보기 좋아"라는 말을 더 많이 듣게 되었습니다.

친구의 취업을 리딩하다

우니히필리 이미지 리딩을 배운 후 친구에게 받아볼 생각이 있는지 물어보았습니다. 우니히필리란 내면의 아이를 말하며 내가 힘들 때 같이 도와주는 정령 같은 존재라고 했습니다. 그러자 친구는 취업 때문에 많이 힘들다고 말했습니다. 그 정령이 내게 어떻게 도움을 줄 수 있는지 알고 싶다고 했습니다.

푸른 풀밭과 다양한 꽃들이 자라나고 있는 풍경이 보였습니다. 나비나 새 같은 동물은 보이지 않았고, 잘 정돈된 정원이 눈앞에 펼쳐졌습니다. 우니히필리를 불러보았지만 아무런 응답이 없었습니다. 그곳을 지나 걸어가보니 동식물이 없는 큰 돌산이 하나 보였습니다. 구불구불 이어진 길을 따라 올라 정상에 가보니 느란색 꽃 한송이만 덩그러니 피어있었습니다. 그곳에서 우니히필리를 부르자 삭막한 바람이 불어왔습니다. 시원함보다는 삭막함이 가득한 바람이었습니다. 간단히 제 소개를 한 후 우니히필리의 이름을 물어보았습니다.

우니히필리 : 알 필요없어, 어자피 너도 곧 사라질 테니까

나 : 뭐 때문에 그렇게 울적한 바람을 가지고 계신가요?

우니히필리 : 아무리 외쳐도 응답하는 사람이 없는데 당연히 삭막할 수 밖에 없지

이름을 물어보자 「샤-냑」 이라고 했습니다. 우니히필리의 모습은 엄지손가락만한 남자 정령이었습니다. 몸은 모래색이었고 투명했습니다. 레이키 상징인 세이헤이키를 몸에 그려주자 무척 신기해하는 모습이었습니다.

샤-냑 : 신기하네, 따스하고 시원한 기분이 들어

나 : 다름이 아니라 친구가 취업 문제 때문에 많은 스트레스를 받고 있습니다

샤-냑 : 응 알고 있어

나 : 친구가 스트레스를 덜 받으려면 어떻게 해야할까요, 도와주실 수 있나요?

그러자 숲이 울창한 숲과 탁 트인 정경 그리고 드라이브 하는 모습을 보여주었습니다. 좀 더 정확한 답을 얻기 위해 무슨 뜻이냐고 물어보았습니다. 등산과 원하는 곳으로 여행을 가는 것이라고 대답해주었습니다.

나 : 혹시 여건이 안 되어서 등산과 여행을 가지 못할 경우 다른 방법이 있을까요?

샤-냑 : 그런 여유가 없다면 사진으로도 봐도 괜찮아, 하지만 직접 행동하고 겪는 것이 가장 좋아

나 : 감사합니다, 혹시 친구에게 전달해야 할 말이 있을까요?

샤-냑 : 지금 상황이 그런거지 네가 무능력한게 아니니까 위축하지 말라고 전해줘

다시 한번 레이키 상징인 초쿠레이를 그려드리고 친구에게 이 내용을 다 말해주었습니다. 친구는 일주일 후에 근처 산으로 등산을 갔고, 가장 가고 싶어하던 통영과 제주도 여행을 다녀왔습니다. 그 후 취업에 대해서 물어보았더니 취업은 되지 않았지만 전처럼 위축되는 마음은 많이 사라졌다고 했습니다.

여러분은 왜 호오포노포노에 대해 관심을 가지게 되었나요? 이런 저런 이유가 많겠지요. 하지만 가장 원하는 것중 하나가 「내가 가진 어려움(고통)을 우니히필리가 다 해결해주는 것」이라고

생각합니다. 저도 제 노력은 적게 하고 원하는 결과를 얻고 싶어서 자기계발서를 읽었습니다. 하지만 변하는 것은 아무것도 없었습니다. 우니히필리가 해결해주기는커녕 대화하고 말붙이는 데에만 많은 시간이 걸렸습니다. 이제서야 내가 가진 문제를 바라보고

해결해 나가는 중입니다.

저는 언제나 제 모습이 싫었습니다. 인간관계도 좁고, 키가 크지도 않고, 물질이 풍족하지도 않습니다. 다른 친구들은 가업을 이어가고 제약회사에서 일하고 자기 장소를 찾아서 일을 해나가고 있습니다. 하지만 전 여전히 변화하지 못했고 친구들과 달리 뒤쳐졌습니다. 친구를 만나도 위축되고 다른 사람들과 만남을 점점 거부해왔습니다. 그러다 우니히필리를 알게 되고 정화를 해나가면서 하나 얻은 것이 있다면 '이대로라도 괜찮아'하는 마음가짐입니다. 내가 생각했던 단점들은 고쳐가면 장점이 되는 것들이었습니다. 그리고 '작은 것에 만족'할 줄 알게 되었습니다.

이 글을 읽는다고 여러분의 삶이 갑작스럽게 달라지진 않을 것입니다. 오히려 어제보다 더 나쁜 상황에 마주칠 수도 있겠지요. 하지만 같은 상황에서 이전에는 어찌해야 할 바를 몰랐다면 이제는 그것이 내 안의 기억의 재생이라는 것을 알아차리는 것으로 도움을 받을 수 있을 것입니다. 언제나 선한 인연으로 늘 행복하시길 바랍니다.

우니히필리 리더, 몽월

이 세상 모든 곳에 우니히필리가 있다_베렌

이메일 : veren79@naver.com

블로그 : http://blog.naver.com/veren79

집에 가는 길. 다리 위에서 만난 우니히필리 「행림」

저는 퇴근 후 집에 가는 길에 늘 걸어서 지나는 고가 다리가 하나 있어요. 그 고가 아래로는 고속화도로가 지나고 있구요. 그 날도 역시나 평소와 다름없이 그 고가를 걸어 지나는 길이었습니다. 고가 다리 중간쯤에 다다랐을 때. 평소와는 다른 어떤 위화감이 느껴지더군요.

'응?! 이 느낌은 뭐지?' 하며. 잠시 그쪽을 살펴보니, 고가 난간 옆에 높게 솟아 올라온 원통형 기둥이 있는데 그 꼭대기어 무언가 자리하고 있는 듯 느껴지더군요. 우니히필리인지 무엇인지는 모르겠지만, 일단 리딩해 보기로 하고 마음을 가다듬고 그 기둥 위의 존재를 느껴보고, 그려보았습니다.

그러자 서서히 떠오르는 이미지가 있었습니다. 살짝 색이 바래고 때가 탄 하얀 한복을 입고 원기둥 꼭대기에 앉아 고가 아래 차들이 쌩쌩 달리고 있는 도로를 내려다보는 한 남자의 뒷모습이 보이더군요.

저는 그 존재에게 레이키를 보내며, 모습을 계속 지켜보았습니다. 그러자, 색이 바래고 때가 탔던 하얀 한복이 점점 원래의 빛인 흰색으로 깨끗하게 변해가더군요. 그리곤 말을 걸어 보았습니다.

나 : 거기 계신 분? 이름이 뭐에요?

라고 묻자 짧은 말투로「행림」이라는 이름을 말해주네요

나 : 거기서 뭐하세요?

라고 묻자 그저 지켜본다고 하네요. 사람들 그리고 자동차들 그리고 밤이 되면 더 화려해지는 도로 위를…

나 : 여기서 사는 건가요?

라고 묻자, 늘 그 다리의 그 기둥에 머물고 있다고 하네요.

그 말을 듣는데 그 남자의 뒷모습이 왠지 더 쓸쓸해 보여서 정체가 우니히필리 인지 뭔지는 잘 모르겠지만 바라는 것이나 정화도구가 있는지 물어보았습니다.

그러자 이렇게 말하네요.

행림 : 사람들이 가끔은 자기가 이곳에 있는 것을 알아주면 좋겠다.
라고요.

그래서 저는

나 : 내가 매일 퇴근길에 이 다리를 지나가니 가끔 한 번씩 하얀 한복이 더러워지면 레이키로 깨끗하게 만들어 주고 갈께~

라고 말해주었습니다. 그 순간 그 하얀 한복을 입은 「행림」이라는 이름의 남자는 제게 순박한 웃음을 보여주며 웃네요. 세상은 참 재밌고 별의 별일이 다 있구나. 느꼈습니다. ^^

휴가로 다녀온 펜션에서 만난 우니히필리 「토산」

지난여름 휴가 때 석모도의 한 펜션에 가족들과 다녀왔어요. 뭐 다들 잘 아시겠지만 운전하랴, 애들 보랴, 술먹으랴, 나름 알찬 일정을 보내던 중 그 와중에도 정화거리가 생겨서 우니히필리들을 모아 놓고 정화를 하다 보니 갑자기 궁금증이 발동했어요. 이 펜션의 우니히필리는 어떤 모습일까?

사실 사람 말고는 건물이나 다른 부분의 우니히필리리딩은 해본 적이 없는지라 리딩이 될 지는 미지수였지만 궁금하면 '일단 해보자, 안 되면 말고~'하는 가벼운 마음으로 저와 가족들이 머무르고 있는 펜션의 우니히필리를 불러보았어요.

그렇게 얼마가 흘렀을까요. 등에 주먹만한 돌을 짊어지고 부지런히 나르고 있는 고깔모자를 쓴 할배요정이 뿅~ 보이네요. 인사를 건네자 나르던 돌을 잠시 내려놓고 이마에 땀을 닦으며, 의아한 표정으로 저를 보네요. 여태껏 아무도 알아주는 이 하나 없었는데. 누군가 불쑥 와서 아는 척을 해서였을까요?

이름이 뭐냐 묻자 「토산」 이라고 하네요. 그리고 펜션의 각각의 건물마다 관리 담당 우니히필리들이 따로 있다고 해요. 우리 가족들이 무탈하게 즐겁게 잘 머물다 갈 수 있도록 하는데 도움이 될 만한 것이나 정화도구가 있냐 물었습니다.

그러자 토산이는 호기롭게 처음으로 구워낸 고기 한 점과 술 한 잔이 있으면 좋겠다고 말하네요. 그래서 저는 "그래 그렇게 해줄게" 라고 말하고. 이제 떠나려는데 토산이가 재밌는 구경을 시켜준다고 하네요. "그래서 뭔데?" 하며 토산이를 따라 산길로 따라 올라갔습니다.

펜션이 산 중턱에 위치해 있어서 펜션 뒷길로 올라가면 바로 산 꼭대기까지 이어지는 위치에 있어요. 얼마쯤 가자 산중턱에 바위 문이 있는데 그 문을 열자 커다란 동굴이 나오네요. 그 동굴 안으로 들어섰습니다. 완전 암흑이어서 처음엔 아무것도 안보였어요. '이게. 재미있는 구경인가?' 라고 실망하려는 찰나에 토산이가 바닥을 보라고 하더군요. 그래서. 바닥을 봤는데…

우와~ 이게 뭐지!!

컴컴한 동굴 바닥에 마치 은하수가 흐르는 듯 멋진 장관이 펼쳐지더군요! 그런 멋진 광경을 한참을 넋 놓고 구경하다가 겨우겨우 현실로 돌아왔네요.

우니히필리 리딩으로 만난 「토산」이가 보여준 그 동굴의 바닥에 흐르던 빛줄기들이 뭔지는 모르겠지만 우연히 하게 된 펜션의 우니히필리리딩에 이런 멋진 광경까지 보게 되고 정말이지 여행은 늘 예측 할 수 없는 즐거움을 주는 듯 하네요

동네 커피숍에서 만난 우니히필리 「산이」, 「민이」

저는 퇴근 후에는 집에 가는 길에 종종 동네 편의점에 들러 야외 테이블에 앉아 캔 맥주나 커피 한잔의 여유를 잠시 즐기다가 집에

들어가곤 하는데요. 산이와 민이를 만나게 된 그날도 여느 때처럼 편의점으로 가던 길이였죠.

그런데 평소엔 눈에 띄지도 않고 잘 보이지도 않던 동네 커피숍이 유독 눈에 들어오더군요. 하지만 그렇다 하더라도 무시하고 늘 가던 대로 편의점을 갔을 법도 한데 그날은 그냥 나도 모르게 그 커피숍으로 발길이 향했어요.

시원한 아이스 아메리카노 한잔을 시키고 야외 테이블에 앉아서 마시다가 문득 이 커피숍으로 발걸음이 향한 이유가 있을까? 궁금하기도 해서 커피숍의 우니히필리를 리딩해 보기로 했어요.

그렇게 우니히필리를 부르고 기다리자 두명… 응? 두명?! 쌍둥이 같은 꼬마 아이 둘이 나타났어요. 레이키를 흘려주면서 모습이 안정되기를 기다리자. 그 모습 그대로 더 선명하게 느껴지네요.

이름은 「산이」 「민이」 라고 하네요. 하지만 개구진 생김새 치고는 왠지 시무룩하게 느껴지네요. 그래서 그 이유를 물어봤습니다. 원래는 「쥬디」 라는 아이가 한명 더 있었데요. 그렇게 셋이서 왁자지껄 신나게 커피숍을 뛰어다니면서 놀고 있으면 그 커피숍엔 늘 사람이 북적북적 많이 찾아왔었다고 하네요.

그런데 어느 날인가 쥬디가 떠났다고 해요. 둘만 남겨진 산이와 민이는 예전처럼 즐겁지 않아서 더 이상 커피숍에서 신나게 뛰어

놀지도 않게 되었고. 그 이유 때문인지. 커피숍을 찾는 사람들도 점점 줄어들게 되고… 그저 창 밖에 지나다니는 사람들만 구경하며 조용히 지내게 되었다고 하네요.

그러다 거기를 지나가던 저를 본거고, 제 우니히필리들을 불러서 저를 여기로 발길이 향하게 한 거라고 하네요. 요론 잔망스러운 녀석들.

그렇게 저를 부른 이유는 제게 '정화도구를 부탁하고 싶어서' 라고 하네요. 산이와 민이가 부탁한 정화도구는 천사 그림이 그려진 머그잔에 가득담긴 오렌지주스와 에스프레소 커피. 저는 그렇게 산이와 민이에게 정화도구를 이미지로 건네주고 정화 할 수 있게 도와주었더니 산이와 민이는 한껏 밝아진 표정으로 제게 이런 말을 전해주네요.

산이/민이 : 사람들이 많이 찾아와서 우리들이 신나고 즐거웠던 게 아니라 우리들이 신나게 즐겁게 뛰어 놀아서 사람들이 많이 찾아왔던 거야. 이젠 둘이서도 신나고 즐겁게 커피숍을 뛰어다니면서 놀 꺼야

라고 하네요.

산이와 민이에게 작별인사를 하고 잔을 반납하고 나오는 길에 보니 그 새 두 테이블에 손님들이 와 있네요. 우연일까요??

귀기울여 보세요. 어딘가 눈에 띄지 않던 것이, 관심도 없던 것이 갑자기 눈에 띄거나 눈에 들어온다면 그곳의 우니히필리들이 자신들의 이야기를 들어달라고 당신을 부르는 것인지도 모르니까요.

우리집의 우니히필리를 만나다. 「주선」

그날은 의도치 않게 자유로운 영혼이 되어 퇴근 후, 집에서 혼자 보내게 되었던 날이었어요. 집에 오자마자 그동안 벼르고 벼르던 집안 대정화를 시작했어요. 향을 켜고 온 집안을 다니면서 향과 레이키로 집안 정화를 시작했지요. 정화가 필요하다 느껴지는 집 구석구석을 돌며 정화를 마친 후 마지막으로 집 거실에 향을 내려놓고, 조용히 앉아서 우리 집의 우니히필리를 리딩해 보았어요.

그렇게 몇 분이 지났을까요. 길고 흰 털이 사락사락 제 눈앞을 맴돌며 제 몸 주위를 스치는 느낌이 들었어요. 저는 레이키를 그 존재에게 흘려주며 모습을 나타내기를 기다려 보았습니다. 얼마 지나지 않아 집안을 가득 채울 만큼 커다란 흰 여우가 보이네요. 이름을 물었습니다. 그 커다란 흰 여우의 이름은 「주선」이라고 하네요.

입을 떼지도 않은 채 그저 쳐다보는 눈빛만으로, 말이 아닌 마음으로 메시지가 전해져오는 느낌. 매번 경험하면서도 경이로운…

저는 늘 그랬듯 제게 전할 말이나 바라는 것이 있느냐고 물었습니다. 그러자 주선이는 제게 조용히 아무런 말도 없이 정화도구를 보여주었습니다.

정화도구는 「목탁과 염주」
저는 염주를 주선이의 목에 걸어주고, 상상으로 목탁을 손에 들고 신나게 두드려 주었습니다. 마치 정말로 귓가에 목탁 소리가 들려오는 듯 하네요 (염불이라도 한소절 외워야하나 싶기도 하고) 그렇게 한바탕 놀고 있자니 앉아있던 제 몸을 주선이가 주둥이로
툭툭 밀어대네요.

그래서 에라 모르겠다~ 하고는 거실 바닥에 대(大) 자로 발라당 누운 채로 가만히 주선이를 느껴보았습니다. 그러자. 주선이의 모습이 다양하게 변화하기 시작하네요.

하얗던 털이 붉은 빛깔로 활활 타오르는 모습이기도 했으며 시원하고 잔잔한 물결처럼 차분하게 바뀌기도 했고, 눈보라가 일고 있는 것처럼 하얀 털이 바람에 강하게 휘날리는 모습이기도 했으며 초록 빛깔 푸르름으로 가득한 모습이기도 했습니다.

그리고 제 몸은 이내 푸욱 꺼지듯 거실 바닥으로 녹아 스며드는 듯 한 느낌이 들었습니다. 저는 그대로 집 자체가 된 느낌을

받았습니다. 내가 마치 집의 일부가 된 듯 한 그런 일체감. 거실 바닥 위에 누워있는 제가 느껴졌으며 집의 천장이 되어 누워있는 나를 내려다보기도 했고 계단을 오르는 이웃집 아저씨의 발걸음의 울림과 진동도 느꼈습니다.

우리 집의 우니히필리인 주선이를 만나고 저는 잠시 집 그 자체가 되어 주선이가 느끼던 모든 것을 느껴본것 같았습니다. 그 체험에 감사하며, 주선이에게 인사를 건네고 현실로 돌아와 이렇게 글을 적으며 주선이가 제게 보여준 다채로운 모습에 대해 깨달은 바가 있네요.

붉은 빛깔로 활활 타오르는 모습이기도 했으며
(뜨거운 여름, 뉘엿뉘엿 저물어가는 붉게 타오르던 노을이 보이던 날)
시원하고 잔잔한 물결처럼 차분하게 바뀌기도 했으며
(비가 온 대지와 건물을 촉촉하게 적시며, 시원스레 쏟아지던 날)
눈보라가 일듯 흰 털이 바람에 강하게 휘날리는 모습이기도 했으며
(눈이 오고 매서운 바람이 부는 차가운 겨울의 날)
초록 빛깔 푸르름으로 가득한 모습이기도 했습니다
(초목이 우거지는 그런 계절의 날)

우리 집의 우니히필리에게 비친 세상은. 저런 느낌과 모습이 아니었을까요?

우니히필리와 기억을 정화하다_성문

카카오톡 : alsrn787

블로그 : http://blog.naver.com/alsrn787

대성통곡을 하는 어린아이

오늘은 참 이래저래 기분이 별로였다. 엎친데 덮친격 이라고 했던가, 쌓여만 가는 감정에 감당하기 어려울만한 감정이 생기고 슬픔에 잠겨, 그것을 저항하고 이기려 해보고 흘려보내려 해보고 갖가지도 애를 썼더랬다.

하지만 세상이, 현실이 나 혼자 잘한다고 되던가. 내가 아무렇지 않다고 되던가. 나 한 몸 건사하기도 힘든 세상에 제정신 붙잡고 열심히 살아가도 세상이 가만히 놔두지 않는다. 평화로운 나날이 있으면 반드시 고통스러운 날이 다가온다. 어김없이 또 평정은 깨어진다. 집에 와 마음을 추스르고 우니히필리들을 만나러 갔다.

하늘은 우중충하게 먹구름이 끼어있었고 우니히필리들은 전부 울고 있었다. 조심스럽게 한걸음 한걸음을 옮겨 다가가면서 점점 더 마음이 요동쳐 결국 나도 울어버리고 말았다. 우니히필리들과 부둥켜안고 펑펑 울었다.

나 : 미안해. 미안해.

울고 나니 조금은 마음이 가벼워졌다. '오늘의 슬픔과 관련된 기억이 있니?'라고 묻자 우니히필리들은 내게 기억을 보여주었다.

아주 어린 나이, 방안에 혼자 덩그러니 앉아 대성통곡을 하는 아이가 보인다. 그냥 그 자리에 앉아 펑펑 울고 있다. 대성통곡을 하는 나였다. 왜 그랬는지는 기억이 안 난다. 그것까지는 아직 보여주지 않는다.

또 다른 기억이 떠오른다. 고등학생? 대학생? 그 사이 어디쯤인 듯 하다. 내 방에서 나는 눈물 콧물 다 흘리며 목구멍이 찢어질 듯 대성통곡을 했다. 너무도 억울하고 너무 분해서 내 잘못이 아닌데

내 잘못이 되어버리고, 내 편이 없다는 사실이 너무도 억울하고 너무도 분했다. 그간의 내 노력들이 온데 간데 없이 사라지고 나의 마음들이 무참히 짓밟혔다는 게 너무도 억울했다.

터질 것 같은 이 감정을 어떻게든 토해내지 않으면 미치거나 죽어버릴 것 같았다. 눈이 붓고 목이 붓고 얼굴과 땅바닥이 눈물콧물 범벅이 되어도 울음은 멈출 줄 몰랐다. 아이들을 끌어안고 나도 같이 울었다.

나 : 미안해. 미안해 너의 잘못이 아냐. 네 잘못이 아냐.

아이 : 정말?

나 : 단지 그 시간에, 그 공간에 그런 일이 있었고 네가 거기 있었을 뿐이야. 너의 잘못이 아냐.

아이 : 엄마가 미워할까 무서워…

그리고 또 우는 아이들. 아이들은 엄마에게 미움받을까 두려워했다. 그렇게 억울하고 분해도 미움받을까 걱정하고 무서워하고 있었다. 나는 깜짝 놀랐지만 이내 아이들을 다독였다.

나 : 괜찮아. 괜찮아 미워하지 않아. 설령 미워한다고 해도 너희들은 자기 스스로를 더욱 소중히 여겨야 해. 미안해…

아이들을 꼭 끌어안아주자 조금은 진정이 된 듯 보였다.

나 : 갖고 싶은거 있어?
아이 : 사탕, 곰인형.

조금 더 어린 나에게는 사탕을, 큰 아이에게는 곰인형을 안겨주었다. 아이들은 그저 안아줄 사람이, 누군가가 필요한 것 뿐이었다. 나는 아이들과 놀아주었다. 아니 함께 있어주었다. 같이 손잡고 걸어다니고 독려해주었다. 이제 아이들은 조금은 슬픔에 견딜 수 있게 되었다. 다음에 또 만나자며 내게 인사를 건넸다. 응 우리 또 볼 수 있을거야. 다음에 또 보자

N님의 음악 우니히필리리딩 후기

리딩한 음악 : 국카스텐 - 거울

왜 자꾸 이런 어둠의 다크한 노래들만 끌릴까? 어렴풋이 알면서도 계속 자신에게 물으며 항상 이런 류의 음악에 많이 빠져들었어요. 뭔가 많이 억누르고 있는것 같기도 하고, 애정결핍에 좀 더 있어보이는 노래 들으면서 멋있어보이고 관심받고 싶어하는것 같기도 한…

훈남 능력자 성문님의 리딩을 보는데 정말 제게 필요하고 새겨들어야할 부분이 많았습니다. 이유가 뭐든, 어떤 행동으로 나타나든, 전 항상 몰아붙이고 제 우니히필리, 제 내부표상을 힘들게 만들었던것 같아요.

정화도구가 정말 멋지고 와닿네요. 그냥 뭐가 되었건 간에 투석기에 담고 멀리멀리 해안선 넘어로 던져버리겠습니다. 정화나 먹어라 에잇~!!!!

좋은리딩 감사합니다 성문님!

H님의 음악 우니히필리리딩 후기

리딩한 음악 : 테일러 스위프트 - Sparks Fly

 Taylor swift 의 Sparks fly 에 대한 우니히필리 리딩을 신청드렸습니다. 그 기억에는 로닌이라는 이름을 가진 잔뜩 겁에 질린 호저(Hodger/고슴도치)가 관련이 있었네요. 살면서 '호저'라고 발음 해본적도 없는데 신기한 동물이 나와서 신기했습니다. 로닌은 잔뜩 겁이 질려 있었습니다. 어찌 저와 관련된 우니히필리들은 연약하고 겁에 질려있는지 모르겠네요 하하

 호저 로닌을 보니 제 보습을 보는것 같았습니다. 겉부분은 가시로 무장한 호저처럼 다가가기 힘들고 겉은 그럴듯해 보이지만 실제로 속은 상처받기 두려워하고 나를 드러내기 싫어하거든요. 로닌은 땅 속을 파며 마음껏 돌아다니는 모습을 상상해 달라고 했는데 이 모습이 어쩌면 제가 진짜 바라던 모습일지도 모르겠습니다. 주변에 구애받지 않고 자유롭게 돌아다니는 모습이요.

 이제부터 열심히 정화해야겠습니다 ! 리딩해주신 성문님 정말 감사드립니다 ^^

S님의 우니히필리리딩 후기

선생님, 덕분에 어제 정말 좋은 하루를 보냈어요. 감사드려요. 글로만 이야기를 나누었는데도 마음이 너무나 잘 느껴져서 신기하고, 놀랍고 감사드린다는 말밖에 나오지 않아요.

저는 마나, 우니히필리, 정화, 우하네, 레이키 같은 개념에 대해서는 전혀 아는 바가 없어요. 어제, 아니 오늘 새벽에 선생님 블로그에 홀린 듯이 찾아와서 이 단어들과 개념들을 처음 보고 선생님께 상담 신청을 하였을 뿐인데, 어제는 정말 신기하게도 하루 종일 머리 속이 깔끔하고 피곤이 덜 했어요. 아무도 없는 집에 터덜터덜 돌아오면 어김없이 들곤 했던 슬픔, 피곤, 우울, 힘듦, 아무도 나를 알아주지 않는다는 느낌, 나만 갇혀 있는 것 같은 막연한 불안함. 이런 게 아니라, 지금은 처음으로 말끔, 개운, 가벼움, 잔잔한 평온과 기쁨, 넉넉함. 이런 느낌이 들었어요. 진심으로 선생님 덕분인 것 같아요. 너무나 감사드립니다.

소왈로가 말해주는 내용을 서너 번 찬찬히 읽어보는데 서너 번 읽을 때마다 모두 다 눈물이 펑펑 흘러요. 슬프고 서럽고 억울하고 이런 악의에 찬 눈물은 아니고, 얼굴을 타고 조용하고 끝끔하게 흘러내리는 뭔가 '뚫리는 기분'의 개운한 눈물이어요. 정말 개운해요.

소왈로(이름도 소행성이랑 비슷하네요!)의 이미지는 생각지 못해서 놀랍고 의외였지만, 제 내면을 제대로 반영해 주고 있는 모습 같아서 미워할 수가 없어요. 이 친구는 갑옷을 벗고 다른 모습이 될 수 있을까요? 또 만나봤으면 좋겠어요.

소왈로의 모습 묘사해 주신 것을 보고, 혼자 사는 10년 동안 항상 스스로에게 주문처럼 외워 왔던 말이 떠올랐어요. 1) 감정 같은 건 아무리 간절해도 아무런 소용이 없다. 2) 감정을 느껴서는 절대 안 된다. 숨기거나 없애야 한다. 그리고는 항상 틀 같은 것에 스스로를 가두고 그 틀에 맞춘 말과 행동만 기계적으로 반복해 왔던 제 자신이 보여요. 이곳에서 지금 하는 업무마저 한-영 번역이어요. 공식과 틀, 법칙 안에서 저는 그림자처럼 몸을 숨기고 누군가가 이미 말해 놓은 내용만을 다른 언어로 옮겨주는 역할요.

읽어내 주신 다른 이미지들도, 그간 막연히 제가 사로잡혀 온 이미지들과 겹쳐지는 것도 신기해요. 선생님의 통찰력이란! 저는 황무지(사막), 어둠, 길. 이런 것에 이유없는 끌림을 느꼈어요. 게다가 저의 생년월일시가 그려내는 사주의 여덟 글자가 그려내는 풍경과 비슷한 이미지 같기도 하고요. (저의 사주는 해가 없는(대신 별빛은 조금 있대요) 봄녘 넓은 들판에 나무 한 그루가 서 있는 형상이래요.) 너무 놀라워요.

또 정말 놀랐고 또 궁금한 점은, 리딩 전에 정화해 주신 공유된 내면의 기억의 이미지인데요, 울고 있는 소녀. 제가 세 살 때 엄마가 저를 방에 재워 놓고서는 집을 오랫동안 집을 비우고 들어오지 않은 날이 있었어요. 잠에서 깨어나서 목이 쉴 때까지 울다가 결국 팬티 한 장만 입은 알몸으로 집 앞 차도와 온 동네를 하염없이 울면서 돌아다녔던 기억이 나요. 아무도 도와주는 사람도 없었고, 발가벗고 울면서 걸어가는 저를 본 지나가던 사람들이 수근대던 기억만 있어요. 결국 울다가 저의 엄마를 아시는 분의 가게를 발견하고는 그곳에 들어가서 또다시 크게 울었고, 그곳에 모인 사람들은 저를 보고 도와주기는커녕 그냥 수근거리고 저를 놀려대고, 엄마를 흉보기만 했던 기억이 나요. 나중에 제가 엄마를 다시 만나서 집에 잘 돌아갔는지에 대한 기억은 없어요.

이 생각을 할 때마다 아직도 수치스럽고 서럽고 화만 나고 그래요. 엄마와 가족, 세상 모든 것에 불신을 갖게 된 최초의 기억으로 남아 있는 것 같아요. 선생님이 그 아이를 만나주신 것인지. 누구도 도와 주지 않던 길 잃고 울며 헤매던 그 아이를 처음으로 안아 주셔서 정말 감사합니다.

몸을 움직인다, 스트레칭을 한다, 햇볕을 많이 쐰다는 멋진 정화 도구를 알려 주셔서 감사해요. 볕 좋은 가을날을 만끽하면서 일하는 틈틈이 꼭 실천해 볼게요. 무엇보다도 저의 지난 날을 마음으로 공감해 주시고 마음으로 안아 주셔서 정말 감사합니다. 이런 기분은 갖가지 심리 상담에서도 절대절대 느껴보지 못했던 기분이어요. 너무 좋아요.

앞으로 제가 저의 어떤 이미지와 기억과 어떤 점에 대해서 무엇을 더 풀어가야 하는지. 어떤 점에 대해서 정화를 하는 것이 좋을지, 어떻게 더 부탁드려야 하는지. 방법이 있다면 알려주세요. 그대로 할 의향이 있어요. 이제는 정말 바뀌고 다른 사람이 되어가고 싶어요. 선생님, 제게 힘이 되어 주셔서, 하루의 끝에 레이키를 또 보내 주셔서 정말 진심으로 고마워요. 어제는 신기하게 이래도 되나 싶을 정도로 종일 멋진 기분이었고 정말정말 힘이 되었어요. 저도 선생님의 몸과 마음이 항상 근심 걱정 없이 평안하고 복 많이 받으시기를, 선생님의 오늘 하루도 좋은 기운으로 가득하기를 선한 마음으로 기원할게요. 또 봬요. 감사합니다.

우니히필리와 함께하는 자유_신코치

연락처 : 010-9255-5743

블로그 : http://blog.naver.com/203com1

우니히필리와의 첫만남

미안합니다. 용서합니다. 감사합니다. 사랑합니다.

호오포노포노란 책을 읽어본 사람이라면 위의 네 문장이 제일 기억에 남을듯싶네요. 저 역시 그랬으니까요. 나의 삶을 행복하고 풍요로움으로 가득차게 만들어줄 마법같은 네 가지의 문장을 반복하는 것, 이것이 호오포노포노의 전부인줄 알았고 디용감사의 네 마디는 마치 새로운 보물을 발견한듯했지요

그러다가 인터넷의 호오포노포노 카페를 기웃거리며 다른 사람들의 경험담을 읽어볼때는 정말이지 신세계를 구경하는 듯 했었습니다. 미용감사만 열심히 하면 알라딘의 램프처럼 뭐든 이뤄질거라는 생각을 하고서 나름 열심히 미용감사를 했었습니다. 그러나 나에게 떠오르는 생각들은 '다른 사람들은 미용감사만 해도 효과가 있는 것 같은데, 그리고 호오포노포노 책을 보면 마치 다 이뤄질거처럼 씌여져 있는데 나는 왜 안될까? 내 정성이 부족한가? 미용감사를 할 때 집중력이 부족한가?' 라는 것들이였습니다.

그렇게 혼돈의 시간을 보내던중 인터넷에서 한 카페를 알게 되었습니다. 「지식큐레이션 - 지성을 통한 자유와 해방, 그 너머의 신비」 부제로 되어 있는 글귀가 참 멋지다고 느꼈었습니다. 회원가입을 하고 그 카페에 있는 호오포노포노에 대한 글들을 쭈욱 읽어보게 되었는데 기존의 책에서 말하는 내용과는 조금은 다른 접근들이였습니다.

그전에 시중에 나와 있는 호오포노포노에 대한 책들보다 전문적이면도 훨씬 이해하기도 쉬운 글들이였지요. 카페지기님이신 큐레이터님이 호오포노포노에 대한 책을 내신 것을 알고서 그 책까지도 보게 되니 좀 더 호오포노포노에 대한 이해가 되었습니다.

그러다가 우니히필리 리딩이라는 세션이 있다는 것을 알게 되었고 그렇게 저의 우니히필리와의 첫만남이 시작되었네요. '나의 우니히필리는 어떤 모습일까', '우니히필리에게 정화를 부탁하면 정말 다 될까' 등등…. 설레는 마음을 안고서 세션을 신청하고 큐레이터님을 만나뵈러 고속버스를 타고 강남역에 도착. 드디어 큐레이터님과 일대일로 마주하게 되었지요. 지금 다시 그 순간을 생각해보면 긴장되면서도 즐거웠던 시간이였던거 같습니다.

세션진행에 따라 우니히필리를 불러내고 그 모양새를 살펴보니 암갈색의 미어캣을 연상시키는 모습이였구 이름을 물어보니 「박수」라고 말해주더군요. 이렇게 저의 우니히필리인 박수와의 만남이 시작이 되었습니다.

박수, 빙의령의 정화작업

이렇게 우니히필리 리딩 세션을 통해서 저의 우니히필리인 박수를 만나고서 집에 내려오는 고속버스를 타게 되었습니다. 신기한 경험이였기도 하고 들뜬 마음에 빨리 정화를 하고 싶은 맘이 가득한 채로 전주에 내려오는 버스에 올랐지요 두시간 반 정도 걸리는 거리인지라 버스안에서도 '우니히필리를 불러 정화를 해보자' 하는 생각이 들어서 지금 타고 가는 버스의 우니히필리를 불러서 간단하게 정화를 해보았지요. 저 자신에 관한 것을 정화 해보고 싶어서 박수를 불렀습니다. 저 역시 평범한 소시민인지라 첫 번째 정화거리는 돈에 대한걸 해보고 싶더군요.

박수에게 이런 현재 돈에 대한 상황과 이러한 상황을 불러일으키는 기억들의 패턴을 정화하고 싶다고 말하고 정화도구를 물어봤습니다. 그러자 정화도구로 활을 달라더군요. 제 느낌상 돈에 대한 정화인데 활을 왜 달라고 하지 라는 생각이 들었지만 달라니까 그냥 줬지요. 그 활로 무얼 하는지 봤더니 빈 활을 들고서 허공에 대고 활시위를 당겼다가 놨다가를 반복하더군요. 마치 양궁선수들이 워밍업을 하듯이 그런데 이때 그냥 새까맣게만 느껴지는 이상한 존재가 나의 우니히필리에게 접근하는 것을 느꼈습니다. 순간 내 몸안에 있던 빙의령일거 같다는 느낌이 들더군요(그 전부터 내가 빙의가 되어 있는 부분이 있을지도 모르겠다른 생각을 해온게 있었고 이 날 큐레이터님과의 세션 도중 제 몸안에 빙의령이 들와있을 가능성이 높다는 것을 알게 되었습니다)

순간 내 우니히필리를 보호해야겠다는 생각이 들어서 우니히필리에게 정화도구를 물었더니 칫솔을 달라더군요. 그 칫솔로는 허공에 페인트칠을 하는듯한 동작을 했구요. 마치 가상의 벽에 칠을

칠해서 보호막을 만드는것처럼 느껴졌습니다. 그렇게 일단 내 우니히필리가 다치지 않게 방어막을 만들어놓고 우니히필리에게 이번엔 화살을 주었습니다(이런 상황이 미리 생길 것을 알고서 박수는 돈에 대한 정화도구를 묻는 과정에서 활을 달라고 했던것일까라는 생각까지도 들게 되었습니다). 그 알 수 없는 새까만것들에게 화살을 쏘는 작업을 약 한시간 가까이 이런 작업을 한 거 같아요. 버스가 종착지에 도착할 때쯤에 다시 우니히필리를 불러보니 아직도 화살을 쏘고 있더군요.

힘들지 않냐고 했더니 전혀 힘들지 않다고 하더군요. 그렇게 정화작업을 하는 중에 어느덧 버스는 종착지에 도착을 하였고 저는 집으로 귀가를 하였지요. 일단 집에 도착을 하고 아이들이 잠자는 것까지 보고서 다시 우니히필리를 불러보려고 소파에 누웠습니다. 제 우니히필리는 아직도 전쟁중이더군요. 그때 들었던 생각이 이렇게 해서는 내 우니히필리가 너무 힘들기도 하고 시간이 많이 걸리겠구나 싶었고 이렇게 해서는 해결이 안되겠다 싶었습니다. 또한 그 존재가 쉽사리 모습을 드러내지 않을것같다란 느낌도 들었구요. 쉽사리 모습을 드러내지 않을 존재랑 내가 접촉할수 있는 방법이 무엇일까를 생각하다가 이런 생각까지 들게 되었지요.

무의식에 이름을 붙이고 의미를 부여해서 내 우니히필리를 불러냈던것처럼 내 안에 숨어있는 존재에게도 의미를 부여하고 그 존재의 우니히필리를 불러서 해결을 봐야겠다란 생각이 들게되었네요. 알 수 없는 존재의 우니히필리를 불러보니 뱀과 뱀장어의 중간과 같은 모양을 한 우니히필리가 나타나더군요 일단 협상테이블로 끌어내기위해 정화도구를 물어봤더니 토끼를 말하더군요. 토끼를 줬더니 그냥 한입에 삼키기를 대여섯번. 많이 배가 고팠던 듯 보였어요. 그리고서 그 알 수 없는 존재의 우니히필리와 협상을 시작하게 되었고 이곳에 있어서 네가 이득이 되는게 무엇이냐? 있어봐야 결국 네가 이득이 되는게 없다. 나중에 쫓겨나느니 지금 스스로 가야할 곳으로 가는것이 좋지 않겠느냐 대충 이런 식의 설득과 위협이 섞인 협상이였습니다.

  다행히 이런 말도 안되는 협상이 통했는지 갑자기 새까만 존재를 그 뱀처럼 생긴 우니히필리가 한순간에 먹어치우더니 사라지더군요. 이런 황당한(?) 사건을 겪고나서 내 명치부위에 먹먹하고 답답하게 뭐가 있는듯한 느낌이 많이 사라지긴 했습니다만(거의 10년 가까이 이런 증상을 느끼며 살아왔네요) 그러나 아직 완벽하진 못하고 제 몸안에 조금은 남아있는거 같습니다. 계속해서 정화를 해야겠지요.

친동생의 우니히필리를 만나다

처음 세션을 받으면서 타인의 우니히필리를 불러보는 작업을 했을 때 저는 제 동생의 우니히필리를 만나고 싶었습니다. 왜 동생이었냐고요? 그 만큼 제 동생과 저의 관계가 좋지가 않았고 또한 동생의 삶 또한 그리 평탄한 삶을 살고 있는게 아니였기 때문에 제일 먼저 정화를 하고 싶었습니다. 꽤 오랜 시간을 제 동생은 방황을 했었고(거의 15년 가까운 세월), 제가 볼 때 아직도 그 방황이 끝나지 않은 것처럼 보였지요. 동생의 우니히필리는 첫 우니히필리 리딩 세션 때 만날 수 있었지요. 그때 만났던 동생의 우니히필리는 「도치」라는 이름이었어요. 두려움에 잔뜩 웅크리고서 모든 것을 경계하듯이 가시들을 날카롭게 세우고 있는 고슴도치 모양이였지요.

그걸 보는 순간 저 역시 울컥 하더군요. 얼마나 외로울까, 얼마나 두려웠을까? 라는 생각이 그냥 들었어요. 잠시 숨을 고르고 정화도구를 물어보니 '사랑'이라고 하더군요. 그래서 '사랑해'라고 말을 건넸지요. 제 가슴이 먹먹해지고 울컥해지면서 눈물이 나더군요. 그리고 그동안의 일들이 떠올랐지요. 오랜 시간 방황하는 동생과 그걸 봐오면서 나 역시 어느정도는 지쳐있는 상태였고, 어찌보면 동생에게 질려있는 상태라고 하는게 더 맞을거 같군요. 그렇기에 그런 동생에게 정말 따뜻한 마음을 건넨적이 별로 없더군요.

이날 참 많은 생각이 들었습니다. 그 이후로도 동생의 우니히필리를 가끔 불러내며 정화작업을 해오기를 세달 정도 되었을까요 (동생의 우니히필리가 주로 정화도구로 달라고 했던 것은 연필과 빨간 공이였습니다) 동생으로부터 전화와 문자가 왔는데 최근 몇 년동안 보여졌던 그런 모습과는 사뭇 다른 느낌. 심리적으로 어느 정도 안정을 찾은 듯한 모습을 보여주더군요. 그동안 제대로 자기 속마음을 터놓은적이 없었는데 지금은 속에 있는 말도 꺼내기도 하구요. 그리고 지금 이 글을 쓰고 있는 지금까지도 다행히 그전처럼 방황을 하는 모습을 보이지는 않고 저하고도 그전하고는 다르게 전화나 문자 연락을 자주 하면서 지내고 있습니다.

내 사랑하는 아이들의 우니히필리

어느 날 저의 큰 아이가 머리가 아프다고 하더군요. 지금 초등학교 5학년인데 이제껏 머리가 아프다고 한적이 한번도 없었기에 내심 신경도 쓰이고 걱정도 되어서 큰 아이의 우니히필리를 불러서 정화를 해봐야겠구나라는 생각이 들었습니다. 큰 아이의 우니히필리는 청개구리 모양의 우스꽝스러운 이름을 가진 모습이였어요. 생김새와는 다르게 외로움을 지니고 있는 느낌이였습니다. 어디서 오는 외로움일까를 물어보니 자기가 큰딸, 즉 장녀라서 겪는 책임감이 부담스럽고 그런 부담감을 알아주는 사람이 없어서 외롭다고 하더군요. 이때까지 저 역시도 저의 큰 아이가 이러한 부담감을 갖고 있는지 전혀 몰랐습니다. 그래서 저의 내면을 잠시 깊이 들여다보니 알게 모르게 큰 아이에게 마음의 상처가 될법한 행동들을 무심코 해오고 있던게 있긴 있더군요. 언젠가 큰 아이가 이런 질문을 한적이 있었어요.

큰딸 : 엄마아빠는 날 별로 사랑하지 않고 동생들만 사랑하는거 같아

라고요. 아이의 표정이나 행동이 그다지 대수롭지 않은 모습으로 질문을 하는거 같아서 저도 깊게 받아들이지는 않았고 이렇게 대답을 했었지요. "그렇지 않아, 동생들은 너보다 어리니 보살펴줘야할 손길이 어느 정도 큰 너보다는 많이 필요해서 신경을 좀 더 쓰는것이지, 널 사랑하지 않아서 그런게 아니란다." 라는 대답을 해줬었는데 생각해보니 좋은 대답이 아니였던거 같습니다. 큰 아이가 느꼈던 그 감정에 대해서 공감해주고 위로해주지 못하고 그런 대답을 했던게 맘에 걸리더군요.

일단은 큰 아이의 우니히필리에게 필요한 정화도구를 묻자 '무지개'라고 말하길래 무지개를 주고, 인터넷에서 무지개 사진을 다운받아서 큰 아이의 핸드폰에 전송을 해줬어요. 아이가 "아빠, 이걸 왜 보냈어?" 라고 하길래 별말은 안하고 "그냥~ 심심할 때 한번씩 봐봐" 라고만 말을 했네요. 그렇게 한 이틀정도 지나고 나서는 머리 아프다는 말이 없어지긴 했습니다.

저는 아이 셋의 아빠입니다. 딸 아이 둘에 막내 아들. 이렇게 셋이지요. 며칠전에 집사람과 이런 저런 얘기를 하다가 집사람이 보기에 딸아이들에게는 다정한데 막내아들녀석에게는 제가 꽤 엄하고 단호한 모습을 보이는 부분이 있다고 하더군요. 저도 잘 느끼지는 못했던 부분이였기에 집사람과 대화를 끝내고 저의 우니히필리와 막내녀석의 우니히필리를 불러보기로 했네요.

먼저 막내 아이의 우니히필리를 불러보니 혼자서 놀고 있는 귀엽게 생긴 애벌레 모양이더군요. 그리고 이번엔 저의 우니히필리를 불러서 저와 막내아들과의 사이에 정화거리가 있다면 정화를 하고 싶다고 요청을 했습니다. 그런 과정에서 저의 내면 깊숙하게 자리하고 있는 내가 생각하는 강인한 남성상을 아이에게 투영을 하고 있었으며 그렇게 컸으면 하는 바람이 있다는 것을 알게 되었지요.

이런 경우는 저의 기억패턴들만 정화를 해도 되겠구나 싶어서 저의 우니히필리와 정화작업을 하였고 아이의 우니히필리에게는 정화도구를 묻지는 않고 그 대신 혼자 놀고 있는 아이의 우니히필리와 같이 놀아주는걸로 정화작업을 마쳤습니다.

정화의 부작용

우니히필리를 통한 정화 방법을 알고 나서 열흘 정도 지났을까요. 저의 우니히필리가 많이 피곤해한다는 것을 느꼈습니다. 그래서 왜 그럴까를 생각을 하다보니 이런 생각들이 들게도 되었어요.

우니히필리를 통한 정화 방법을 알고 나서의 가장 큰 심리적 변화는 정화에 자신감이 생겼다는거였습니다. 그런 자신감이 생기니 무조건 정화하자는 생각이 많이 들었지요. 그러다보니 일단 저의 의식 자체가 나의 심리상태(편안한가, 불편한가)를 살피기 바쁘게 되더군요. 민감하게 살피다 보니 일단 내 맘이 편하지 상태에 있는 순간들을 즉각즉각 알아차리게 됩니다. 그러다보니 내 맘이 편하지 않는 상태가 되면 정화거리구나, 정화해야지 하는 생각이 바로바로 올라오면서 조급함이 많이 생기게 되고요.

이래서 내 우니히필리가 힘들고 지쳤나보구나라는 생각이 들었어요(지금 생각해보면 지칠법도 하지요). 그래서 제 우니히필리에게 "나의 이런 생각 때문에 네가 많이 지쳤었나보구나. 미안하다."란 말을 해주고서 내가 조금만 편하지 않아도 무조건 정화를 해야겠다라는 조급한 맘 자체를 정화하고 싶은데 어떤 정화도구가 필요하니? 라고 물었지요. 그랬더니 물을 달라더군요. 물을 주니까 그냥 소방수들이 물을 뿌리듯 허공과 바닥에 뿌리기만 하더군요. 왜 물을 달라는지, 바닥에 그냥 뿌리기만 하는게 무슨 의미인지는 묻진 않았습니다. 꼬치꼬치 캐묻는것도 제 우니히필리를 힘들게 할 거 같다는 생각이 들어서요. 그리고 저 역시 사무실 정수기에서 시원한 물을 한잔 받아와서 먹었고요.

물을 마시고 나서 왜 정화도구가 물이였을까? 하고 생각을 해봤는데 퍼뜩 이런 생각이 들더군요. 물은 외부환경을 바꾸려 하지 않는다는 것을 그냥 외부환경에 묵묵히 순응할뿐이라는 것을. 자꾸 내 눈에 거슬리고 내 맘에 불편해지는 상황을 만나게 되었을 때 그 상황을 자꾸 튕겨내고 내가 편한 상황으로 만들기 위해서 정화해보려는 나의 생각이 잘못되었다는 것을 알게 되었지요. 아! 이래서 우니히필리가 정화도구로 물을 원했구나. 나에게 이러한 통찰을 주려고 물을 원했구나 라는 생각이 들게 되었습니다.

우니히필리를 통한 정화 그리고 자유

우니히필리를 통한 정화란 제 생각에는 나를 속박하고 있던 내 안의 이런 저런 신념 같은것들에서 풀려나서 자유스러움을 획득하는 과정이라는 생각이 듭니다. 제 아이의 우니히필리를 만나서 정화를 했을때나 제 동생의 우니히필리를 불러내어 정화를 했을때도 제 안에 있던 생각들이 편견을 만들고 그 편견의 창 너머로 아이나 동생을 바라보고 있다는 것을 알게 되었지요.

그 편견이 없어지면 어떻게 될까요? 제 경험으로는 편견이 없어진 자리는 그냥 아무것도 없는 공(空)의 자리였고 그런 자리에 서서 타인을 볼 때 그 사람을 있는 그대로 투명하게 보게 된다는 것을 알았습니다. 또한 그 공의 자리는 계속해서 그저 비어만 있는 것이 아니라 자연스럽게 따뜻함과 사랑과 같은 여러가지 감정으로 채워지는 느낌이였습니다.

타인을 볼때나 사물을 볼때나 어떠한 상황에 부딪히게 되었을때도 마찬가지입니다. 그러기에 타인이나 사물이나 상황을 바꾸려는 노력이란 것이 사실은 나의 욕심이란것도 알게 되었지요. 아직도 정화를 하고 있고 앞으로도 정화를 할것이 많다는 것을 압니다. 실은 모든게 정화거리이지요. 우니히필리를 통한 정화를 시작하고 난 후부터 모든 것들이 다 정화거리구나라는 것을 알게 되었을땐 막막하기도 하고 이걸 계속해야해만해? 하는 짜증도 밀려오기도 했었습니다.

그러나 지금은 결국 이러한 정화 작업이 나 자신을 속박하고 얽매고 있었던 밧줄들을 하나씩 풀어나가는 과정이며 자유를 얻어가는 과정이라는 것을 알게 되었고 더 나아가 나의 주변까지도 평화롭게 한다는 것을 알게 되었기에 오늘도 나는 나의 우니히필리와 함께 묵묵하게 정화의 길을 걸어갑니다.

모두 행복하세요.

우니히필리로 함께하는 맑은 삶_에스텔
이메일 : unihi.r@gmail.com

우니히필리 리더 세션을 받은 첫날의 기억들

우니히필리 리더 세션은 저에게 새로운 시야를 열어주었습니다. 저는 욕망에 솔직한 편이고, 남들에 비해서 우니히필리와의 소통이 좋은 편이라고 생각합니다만, 그래도 이해할 수 없는 충동과 감정이 종종 일어납니다. 그럴 때마다 이해할 수 없는 무언가에 시달려야했습니다.

이제는 우니히필리 리더 세션을 받았기 때문에, 그런 이해할 수 없는 충동과 감정이 생길 때, 우니히필리에게 말을 걸어 정화를 해봅니다. 그러면 놀랍게도 그런 충동과 감정이 사그러듭니다. 우니히필리 리더 세션을 받고, 우니히필리 리더가 됨으로서 나 자신의 내면의 아이인 우니히필리와 소통하면서 좀더 순한 삶을 향해 가는 것 같습니다.

우니히필리 리더 세션을 처음 받은 날, 나타난 우니히필리의 모습은 나무 캐릭터였습니다. 파릇파릇한 나뭇잎이 가득 달리고, 커다란 눈이 줄기 쯤에 있고, 팔로 표현된 부분은 나뭇가지인, 만화에서나 나올 것 같은 나무 캐릭터가 순진하게 큰 눈을 깜빡이고 있었습니다. 처음에는 동물이 나오지 않을까 막연히 생각하고 있었는데 정말 의외로 식물, 그것도 캐릭터 형상으로 나와서 조금 어이가 없었던 기억이 납니다.

자신의 이름을 「네미」라고 소개한 저의 나무캐릭터 우니히필리와 한 첫 번째 작업은 「다이어트에 대한 정화도구」 찾기 였습니다. 우니히필리 리더 세션을 해주신 큐레이터 선생님께서는 상당히 어려운 주제라고 말하시면서 웃으셨습니다. 아무래도 다이어트라고 하는 것에 관련된 모든 기억들, 그리고 오랫동안 고착화된 기억들을 정화하는 것은 상대적으로 어렵기 때문이죠. 하지만 저의 평생의 소원인지라 다이어트에 대한 정화도구를 꼭 알고 싶었습니다. 네미가 가르쳐 준 정화도구는 바로 「물」. 물을 상상으로 네미에게 주자, 네미는 나뭇가지 손으로 물을 꼴깍꼴깍 마시는 모습을 보여주며 굉장히 좋아해주었습니다.

이렇게 상상으로 정화도구를 주는 방법과 실제로 물을 마시거나, 보는 방법을 알려주시고 난 바로 그 날부터 무언가 변화가 일어나기 시작했습니다. 먹어도 먹어도 배가 고픈, 참을 수 없는 공복에 평상시라면 다 먹지도 못하는 양의 저녁을 먹고도 닭 반마리를 먹어서 배가 가득 차서 못 먹을 때까지 먹은 것입니다. 배가 찬 것을 몸으로 알고 있지만 공복이 사라지지 않아서 공복이 사라질 때까지 먹고 매우 놀랐지만, 무언가 변화가 시작됐다는 것은 정화가 되고 있다는 증거라고 믿고 정화를 계속 했습니다.

다음날이 되니, 오히려 식욕이 원래보다 줄어들고, 먹는 양도 평상시의 10%정도 줄어서 외식을 하면 전보다 많이 남기게 되게 되었습니다. 부정적이든, 긍정적이든 무언가 변화가 있다는 것은 정화가 되고 있다는 것이니까요. 다이어트의 정화도구를 받은 날부터 지금까지 계속 정화를 하고 있지만, 아직도 끝나지 않았습니다. 계속해서 정화를 하고 있는데 변화가 있는 날도 있고, 없는 날도 있습니다. 하지만 우니히필리가 정화가 끝났다고 말해주는 그 날까지 다이어트에 대한 정화는 계속 할 예정입니다.

총천연색의 꿈을 꾸기 시작하다

이렇게 우니히필리와 소통하면서 정화를 계속해나가는 나날이 지속되면서 여러 가지 변화가 생기고 있습니다. 그 중 하나는 꿈이 선명해진 것입니다. 보통 꿈은 흑백이거나, 내용이 단편적으로 뚝뚝 끊기거나, 기억이 나지 않는 것이 보통입니다. 그런데 우니히필리 리더 세션을 받고 난 며칠 뒤부터 꿈이 총천연색의 HD급 화질로 꿈을 꾸고, 꿈의 내용이 좀 더 선명하게 기억나기 시작했습니다. 물론 자고 일어나서 조금 지나면 잊는 것은 전과 똑같지만 잠에서

깬 직후에 기억하는 내용과 색감이 그 전과 달라졌습니다. 그래서 꿈 속의 어이없는 전개와 상황, 그리고 계속해서 바뀌는 주인공(나의 모습)에 피식피식 웃거나, 꿈이 너무 리얼해서 오늘이 며칠인지 헷갈릴 때도 있었습니다.

꿈 속에서 박진감 넘치는 이틀을 보내고 눈을 떴더니, 오늘이 목요일 같아서 다시 한번 달력을 확인하기도 했습니다. 확인해보니 화요일였고, 긴장할 일이 있어서 꿈 속에서 엄청 긴장하면서 실수를 했었는데, 다행히도 그런 긴장이나 실수 없이 일을 마칠 수 있었습니다. 꿈 속에서 미리 겪어봐서 그런걸까요?

알 수 없는 우울함을 정화하기

호르몬 변화 때문인지 종종 이유없이 덮쳐오는 심한 우울감을 느낄 때가 있습니다. 너무 우울해서 잠 못 이루고 뒤척거리다가 지푸라기라도 잡는 심정으로 우니히필리를 불렀습니다.

나 : 네미야, 지금 너무 우울해. 이걸 같이 정화하자~
네미 : 응!

나타난 우니히필리의 모습은 평상시와 같았지만, 왠지 모르게 우니히필리의 주변 모습이 어두움 먼지 구름 같은 걸로 뒤덮힌 것으로 보입니다. 제가 느끼고 있는 우울감이 우니히필리에게는 검은 먼지 구름으로 보이나 봅니다.

나 : 어떤 정화도구가 좋을까?
네미 : 이거!

우니히필리는 갑자기 먼지털이개를 오른손으로 번쩍 들어올린 모습을 보여줍니다. 그리고는 신나하면서 오른손으로 먼지털이개를 들어올려 먼지구름을 털어냅니다. 상상으로 그 모습을 따라하자 더 신나하면서 먼지털이개로 구름을 두드려댑니다. 왼손은 바닥을 향한 채로 움직이지 않는 것이 신기하여 우니히필리에게 질문을 해봤습니다.

나 : 왼손으로도 먼지털이개 들고 털면 좋지않아?

우니히필리는 단호한 어조로, 꼭 오른손에 먼지털이개, 왼손은 바닥을 향한 고정 포즈여야 한다고 합니다. 그래서, 저도 왼손은 바닥에 고정하고 오른손으로만 먼지를 터는 포즈를 하자, 우니히필리가 신이 났는지 왼발을 까닥거리면서 먼지구름을 털어내고, 얼마지나지 않아서 먼지 구름은 흔적도 없이 사라졌습니다. 신기하게도, 그 구름이 사라지자 아까까지 나를 괴롭히던 알 수 없는 우울함도 싹 사라졌습니다. 우니히필리에게 감사인사를 하자, 우니히필리가 무척 기뻐하면서 행복한 웃음을 지어줬습니다.

정화가 너무 잘되면 망각이 일어난다

내일 있을 일이 너무 긴장되어 잠이 안와서 뒤척거리다가, 이대로는 안되겠다 싶어서 우니히필리에게 잠을 잘 잘 수 있게 부탁해보자고 우니히필리를 불렀습니다.

나 : 네미야, 잠이 안 오는 것을 정화 좀 해줄래?

보통때같으면 이렇게 부르면 쪼르르 달려와 커다란 눈망울을 껌벅거릴 텐데, 반응이 시큰둥합니다. 뭔가 검은 공같은 걸 가지고 놀면서 제 이야기를 들은 척도 안하길래 다시 한번 불러보니

네미 : 지금은 바빠.

퉁명스럽게 한 마디 하는 것이 다였습니다. 뭘 하는 건지는 모르겠지만 바쁘다고 하니 어쩔수 없이 우니히필리를 보내고 다시 잠을 자려고 시도하며 계속 뒤척이다가 무언가가 탁 떠올랐습니다. 항상 자기 전에는 정화를 하고 자는데, 오늘 자기 전에 부탁했던 죄책감 정화의 정화도구가 바로 검은 공이었다는 것을 잊고 있었던 것입니다. 지금 우니히필리는 다른 정화를 하는 중이기 때문에 다른 정화를 해줄 수 없다고 한거구나. 이해하고 나니 퉁명스럽게 했던 한 마디도 너무 귀엽고, 얼마나 정화가 잘 되고 있으면 얼마 전에 부탁했던 정화 도구를 완전히 잊고 있었을까 라는 생각도 들었습니다.

우니히필리가 나를 부르는 방법

그렇게 죄책감의 정화를 부탁한 이틀 후, 자꾸 물건을 떨어트리는 일이 발생했습니다. 평상시에 잘 안 떨어트리는 핸드폰만 2번 떨어트리고, 반경 2m안에서 계속 해서 누군가가 물건을 떨어트립니다. 이상하다라고 생각만 하면서 바쁜 일정을 소화하다가, 조금 여유가 생겼을 때, 또 한 번 핸드폰을 떨어트렸습니다. 혹시나 하는 마음에 우니히필리에게 말을 걸자, 우니히필리가 환한 얼굴로 검은 공을 든 채로 나타났습니다.

네미 : 정화 다 됐어~!

우니히필리라 저를 열심히 부르고 있었나봅니다. 저와 주변의 반복되는 행동은 전부 우니히필리가 저를 부르기 위한 거였던 것이었습니다. 눈치 챌 때까지 계속해서 반복되는 신호를 보내준 것입니다. 방법이야 어쨌던간에 저에게 정화가 다 됐다는 것을 알려주기 위해 끊임없이 신호를 보내준 착한 우니히필리. 옛날에 읽은 호오포노포노 책에서 우니히필리히필리는 어린아이와 같다는 말을 본 적이 있는데 정말 딱 맞는 말인 것 같습니다.

우니히필리와 협상하기

하지만 그 다음에도 우니히필리가 저를 부를 때 물건 떨어트리기가 계속 되자, 우니히필리를 불러서 협상했습니다.

나 : 계속해서 물건을 떨어트리는 것은 별로 좋은 방법이 아니니까 다른 방법으로 나를 불러줄래?

우니히필리는 왜 좋은 방법이 아닌지 모르는 눈치지만, 진지하게 이야기 하자 생각을 하는 것 같았습니다. 우니히필리는 재미있는 것을 좋아하니까 제가 먼저 제안을 해봤습니다.

나 : 주변에서 새가 자꾸 날아가는 것을 보여주는 것은 어때?
네미 : 좋아!

우니히필리는 흔쾌히 허락했습니다. 그리고 그 직후부터 그 동안 계속되었던 물건 털어트리기가 거짓말처럼 뚝 그쳤답니다. 그리고 우니히필리가 정화를 해준 덕분인지 그 날부터 푹 잘 수 있게 되었습니다.

가끔은 정화도구가 현실화된다

우니히필리와 함께 소통하고 정화하다보면 소설이나 드라마에서나 나올 것 같은 일들이 종종 일어나는 것을 체험하게 됩니다. 우니히필리 리더 세션을 하기 위해 세션 전에 정화를 하는데 그날의 세션을 위한 정화도구는 사과였습니다. 우니히필리에게 상상으로 사과를 잔뜩 주니 기뻐하면서 사과를 우물우물 먹으면서 정화를 해줍니다. 금새 그 많은 사과를 다 먹고 정화가 다 되었다면서 기뻐하는 우니히필리를 위해 세션을 끝내고 돌아가는 길에 감사의 의미로 진짜 사과를 하나 사줘야지 라고 생각하니 우니히필리가 뛸 듯이 기뻐하는 것이 느껴졌습니다.

그날의 우니히필리 리더 세션이 성공적으로 끝나고, 세션을 받은 내담자분께서 수줍게 가방 속에서 사과를 하나 꺼내서 건내주셨습니다. 사과를 받는 순간, 우니히필리가 무척 기뻐하는지 제 얼굴에 저도 모르게 활짝 웃음이 지어질 정도였습니다. 저는 무척 놀랐지요. 이날 정화가 너무 잘 되서 그런 걸까요? 정화도구가 실제로 제 눈 앞에서 현실화되어서 나타났는데 놀랄 수밖에요. 내담자분께서는 그냥 그날따라 사과를 보고 저에게 꼭 주고 싶다는 생각이 들었다고 말씀하시는데, 이 세상에는 정말 눈에 보이지는 않지만 신비한 무언가가 존재한다는 것을 다시 한번 느낀 날이었습니다.

우니히필리가 위험을 알려주다

친구랑 같이 즐겁게 이야기 하면서 걷고 있는데, 갑자기 우니히필리가 "멈춰!" 라고 소리지르는 것 같은 느낌을 받았습니다. 저도 모르게 우뚝 멈춰섰는데 눈 앞에서 오토바이가 물웅덩이를 빠르게 지나갔습니다. 바로 앞까지 물이 튄 것을 보고 우니히필리가 멈추라고 하지 않았으면 이 겨울에 물세례를 받을 뻔했구나 하고 안도했습니다.

굳이 멈추려고 하지 않았는데 마치 브레이크를 밟은 것처럼 몸이 우뚝 멈춰진 것은 우니히필리가 한 일이겠지요. 우니히필리가 잠시 제 몸에 간섭해서 멈춰주었나봅니다. 덩달아 옆의 친구까지 물을 피할 수 있게 해주었네요. 우니히필리와 소통을 하다보니, 우니히필리가 드디어 떨어뜨리기 말고도 저에게 말로 대화하는 법을 알게되었나봐요.

친구랑 대화하느라 주변을 제대로 보지 못하고 있었는데, 우니히필리에게는 보였나봅니다. 덕분에 위험을 피한 저는 우니히필리에게 감사인사를 하니, 늘 그렇듯 활짝 웃으면서 "나 잘했어?" 하고 으쓱거립니다.

이렇게 우니히필리가 잘 했을 때, 칭찬해주고 우니히필리가 좋아하는 일을 해주면 우니히필리가 매우 기뻐합니다. 그리고 다음 번에도 비슷한 상황에서 저를 도와주겠지요.

잘못된 기억의 재생을 막아보자

우니히필리는 우리의 기억을 관리하고 재생합니다. 어떤 기억이 재생됨에 따라 일어나는 일의 양상이 달라집니다. 그런데 이것이 유쾌한 일은 아닙니다. 예를 들어 설명하자면, 인생을 돌이켜서 생각해봤을 때 특별히 싸우지 않고, 대화도 하지 않고, 접점도 없는 같은 반 아이들 중에 꼭 1명은 저를 싫어하는 아이가 있었습니다. 정말 대놓고 나를 싫어한다고 얼굴에 써놓은 그 아이는 저랑 이야기 한번 해보지 않았고, 새 반이 되기 전에는 존재 자체도 모르던 아이인데도 이렇게 저에게 적의를 들어내는 아이가 있었습니다.

더 재미있는 것은 같은 반이 아니게 되면 이 적의가 사라지는지 만나도 그렇게 싫은 표정을 짓지 않게 되는 것이었습니다.

우니히필리가 자꾸 나를 싫어하는 아이의 기억을 재생시키기 때문에 이런 현상이 나타난 것이지요. 그때는 어떻게 해야할 지를 몰랐기 때문에 저도 같이 무시하는 것으로 대응했습니다. 그리고 학교를 졸업한 지금에는 그런 일이 더 이상 일어나지 않고 있습니다.

학교라고 하는 특수한 상황에서 계속해서 반복되는 기억들. 만약 그때 호오포노포노를 알고, 우니히필리 리더 세션을 받았더라면 이렇게 했을 것입니다.

그 기억을 정화하자

그때 정화를 했었으면 그 친구가 더 이상 나를 싫어하지 않게 되었을까요? 그것은 모릅니다. 하지만 지금이라도 늦지 않았으니 정화를 시작합니다. 이렇게 안 좋았던 과거의 기억을 떠올리고 하는 정화도 도움이 되는 것 같아요.

매일 매일 정화를 하면 우니히필리가 기뻐합니다

가능하면 빼먹지 않고 꼭 하려고 하는 것이 있습니다. 매일 아침 저녁으로 그날 있었던 일들에 대한 정화를 하는 것입니다. 아침에는 오늘 일어날 일들에 대해 정화를, 저녁 자기 전에는 오늘 있었던 일에 대해 정화를 하는 것입니다.

이렇게 정화를 해달라고 우니히필리에게 부탁하면 우니히필리가 신이 나서 탬버린을 들고 춤추고 노래하면서 정화를 시작합니다. 무엇이 그렇게 신나는지 처음에는 어이가 없었지만, 매일 매일 자신을 돌아봐주는 것이 기쁜 것 같습니다. 알 수 없는 리듬의 노래를 "랄라라라~" 흥얼거리는데 희한하게 마음 속 깊은 곳에서 기쁨이 솟아나는 듯 한 느낌을 받으면서 정화가 다 되길 기다리고 있으면 "정화가 다 됐어~!" 라고 말해주는 착한 우니히필리.

매일 정화를 하면 나쁜 일이 안 일어나는 것은 아니지만, 그래도 좀더 순하게 일어나고, 그런 일이 일어났을 때 조금 더 빨리 나를 되찾는 것 같아요. 그리고 저녁에 하는 정화는 그런 일이 일어난 후에 생기는 후회라던가 죄책감에서 빨리 벗어날 수 있게 해주는 것 같다는 느낌이 듭니다. 물론 선한 일은 굉장히 선하게 일어나고요.

하지만 가끔은 너무 피곤해서, 혹은 귀찮아서 하루나 이틀 정화를 빼먹고 자기도 하고, 아침에 일어나서 정화를 안 하고 보내기도 합니다. 그래도 정화를 하기 위해 부르면 언제든지 활짝 웃으면서 나타나서 "정화할까?" 라고 물어보는 나의 우니히필리가 사랑스럽네요.

최근의 일입니다.

나 : 오늘 있을 일에 대해 정화 부탁할게~
네미 : 응! 좋아!

역시나 탬버린을 들고 흥겹게 춤을 추면서 노래를 부르기 시작합니다. 그런데 노래가 평상시랑 다르네요.

딩가딩가 딩가~ 딩가딩가링~ 우리 모두 손을 잡고 모두 다 같이 둥글게 돌아봅시다~

갑자기 우니히필리 옆에 무언가 알 수 없는 다른 우니히필리(?)들이 나타나서 다 같이 둥근 원을 그리고 노래하고 춤추기 시작했습니다. 평상시에는 그저 리듬을 흥얼거리는 것이라면 이번에는 갑자기 명확한 가사가 있는 노래를 흥얼거린 것도 놀라운데 주변에 나타난 우니히필리라고 추정되는 다른 존재들에게 놀라고 있는데, 우니히필리는 그런 저의 놀람도 모르는지 신나게 춤추고만 있었어요.

가만히 지켜보니 우니히필리의 노래와 춤의 흥겨움에 끌려 온 주변의 다른 우니히필리들인가 봅니다. 정화를 도와주는 것처럼 느껴져서 보고만 있었더니, 아니라 다를까 보통 때보다 더 빨리 정화가 끝났습니다. 아마도 저에게 우니히필리 리더 세션을 받으신 분들의 우니히필리들로 추정되는 다른 존재들과 함께 한 즐거운 정화 체험. 즐거웠습니다.

매일 정화를 하다보면 매너리즘에 빠져서 아침 정화를 빼먹거나, 저녁 정화를 빼먹는 경우도 종종 있습니다. 정화를 하면 무언가 변화가 일어날 때에는 참 재미있는데, 늘 모든 정화가 다 되는 것은 아니니까요. 그래도 생각날 때, 가능하면 꾸준히 정화를 해가는 것을 목표로 하고 있습니다. 그렇게 정화를 통해 순한 삶을 살아갈 수 있게 노력하고 있습니다.

마음을 옭아매는 우니히필리를 정화하다_오베론

연락처 : 010-5766-2401

이메일 : waywatcher83@naver.com

블로그 : http://blog.naver.com/waywatcher83

리딩 일화 1

회사에서 근무 중에 있었던 일이다. 나는 평소 도보로 출퇴근을 하는데 중간에 지나치는 버스정류장에서 가끔 우연찮게 시간이 맞아 버스에서 내린 다른 직원들과 같이 걸어오곤 할 때가 있다.

그 날도 입사한지 7~8개월 정도 지난 막내 여직원을 만나 함께 걸어오게 되었는데, 평소 같으면 인사와 함께 이런 저런 이야기며 농담을 주고받았겠지만. 유독 그 날만큼은 여직원의 분위기에서 묘한 불편함이 느껴졌다. 화가 난 듯도 하고 불편해 뵈는 듯도 하고

나 역시도 출근길 아침부터 괜히 신경 쓰고 싶지 않았기에 그냥 서로 인사만 나누고 별다른 대화 없이 사무실에 도착했다.

출근 후 이런 저런 회의며, 업무를 하다 보니 아침의 불편했던 느낌을 잊고 있다가 점심시간이 되어 여직원의 불그스름한 얼굴을 보자 다시 아침의 불편했던 느낌이 퍼뜩 떠올랐다

나 : 진경(가명)씨, 어디 몸 안좋아요?

힘 없이 고개를 끄덕이는 여직원. 전부터 종종 딱히 특정 부위나 뚜렷한 증상 없이 아프거나 불편함을 느끼곤 했다며 피가 몰려 잘 돌지 않는 듯한 느낌이 드는데 병원을 가도 별다른 처방이 없어 힘들어 하는 듯 했다. 그 이야기를 들으니 얼마 전에 혜정 법사님께 들은 빙의에 대한 강의가 떠오르며 혹시 그런 증상이 아닐까 하는 생각이 들었다.

식사를 다 마치고 사무실로 돌아와 엎드려있는 여직원을 보며 이 것을 어떻게 해야 할까 고민이 되었다. 빙의가 확실한 것도 아닐뿐더러 내가 전문가도 아니고 괜한 오지랖이 아닐까 하는 생각, 모른 척 지나간다고 무슨 큰 일이 생길 것 같지도 않았다. 하지만 동시에 내가 이 기예를 얻은 것은 선하게 사용하여 내 즐거운 삶에

보탬이 되고 또한 그 보탬을 손을 내밀어 주변에도 베풀 수 있게 함이었던 것을 상기하며 결국 리딩을 한번 해보기로 결정했다.

 하 호흡을 하여 마음과 몸을 진정시키며 나의 우`ㄴ`히필리를 만나기 위해 무의식과 의식의 중간계로 들어섰다. 울창한 녹색 우림, 상쾌한 풀내음 가득한 그 곳에서 처음 봤을 때보다 훨씬 커진 야수와 같은 모습의 나의 우니히필리, 바투가 나타났다. 나보다 훨씬 큰 덩치에 얼핏 보면 주둥이가 뾰족한 사자같이 보이기도 하는, 길쭉하고 늘씬한 사지에 황금빛의 풍성하고 긴 털, 날카롭고 긴 눈과 날렵한 주둥이 사이로 보이는 무시무시한 이빨. 위협적이면서도 아름다운 모습에 다시 한번 감탄하며 목덜미를 긁어주며 인사를 나누었다.

 날 보호해주고 도와주는 화사한 백금발의 아름다운 요정, 엘프 루신다도 나무들 사이에서 모습을 드러내었다. 이 곳에 방문한 이유를 둘에게 설명해주면서 리딩에 관련된 정화를 바투에게 부탁하여 아마쿠아께 보내고는 여직원을 리딩 해보았다. 잠시 후 왼손의 감각에 집중하자 느껴지는 부드러운 머리카락의 감촉. 점차 작은 머리부터 시작, 체구가 작고 가지런한 바가지 머리를 한 귀여운 사내아이가 보였다.

아이의 이름은 「창수」. 창수는 여직원의 등 뒤에 쪼그려 앉아 그녀의 목을 조르고 있었다. 그러면 안된다는 나의 만류에도 불구하고 단호하고 심술이 가득한 얼굴로 나만 힘들고 괴로울 수 없다며 계속 목을 조르는 창수를 이대로는 안되겠다 싶어서 레이키를 보내주어 "풀어주자, 풀어주자."하며 달래기 시작했다. 손에서 점점 힘이 빠지며 느슨해지자 창수는 휙! 나를 노려보는가 싶더니 순식간에 성인만큼 커진 덩치로 덮치며 달려들었고 깜짝 놀랜 나는 허억!! 하며 뒤로 물러났는데 순간 뒤쪽에서 바투와 루신다가 기다렸다는듯 화라락 뛰쳐나왔고, 바투는 무시무시하게 으르렁거리며 창수의 목을 물고 장난감 인형마냥 이리저리 뒤흔들었고 루신다는 여러 개의 검들을 촤라락 펼치며 나와 창수 사이를 막아 섰다.

나는 얼마 전 큐레이터님께 배운 후나 칼라(Kala) 정화법을 활용하는 것이 좋겠다는 생각에 바투와 루신다가 무릎을 꿇게 하여 앉힌 창수 앞에 섰다. 저 높은 벼랑에서 새하얗게 빛나는 유니콘 한마리가 뛰어올라 빛의 날개를 펼쳐 날아오르며 고개를 쳐들자 번쩍하고 청녹빛의 맑은 빛이 발하며 구석구석 중간계를 가득 메웠고 유니콘이 울부짖으며 뿔로 창수와 나를 가리키자 유니콘을 밝게 감싸고 있던 빛이 우리 쪽으로 쏘아져 내렸다. 그 맑고 눈부신 빛에 창수는 먼지가 되어 바스라지며 흩어사라졌고 나도 온 몸에 빛을 받으며 중간계를 벗어나 현실로 돌아왔다.

잠시 숨을 돌리고는 여직원을 살펴보았는데 사뭇 달라진 분위기. 여전히 몸이 안 좋으냐며 계속 좋지 않으면 조퇴하라고 물었다. 좀 괜찮아졌다며 한결 편한 미소를 지어보이는 여직원실제로 증상이 호전되었는지 얼마나 괜찮아졌는지, 어떤지는 모르겠지만 그 여직원으로 인해 불편하고 신경 쓰였던 내 마음은 확실히 한결 편해지고 즐거웠다.

리딩 일화 2

위에 적은 창수 이야기를 평소 친하게 지내던 누나에게 한 적이 있었다. 이야기를 하던 당시에도 뭔가 강한 인상을 받으셨던 것 같았는데 며칠이 지난 어느 날, 종일 기분이 싱숭생숭하고 속도 안 좋은데다가 자꾸 창수가 연상이 된다는 누나의 말에 리딩을 한번 해보기로 했다.

하 호흡과 함께 들어선 의식과 무의식의 중간계, 요정들이 지내고 있을 법한 아름다운 숲. 산들거리는 바람결에 춤추는 수많은 잎새들이 나를 반갑게 맞아주었다. 온통 초록 가득한 숲은 편안하면서도 약동적인 생생함이 느껴졌다. 이 곳에 올 때마다 항상 만지던 바위에 오른손을 얹어 그 서늘하면서도 까슬까슬한 촉감을 느끼고 있으려니 어디선가 경쾌한 발굽소리가 들려왔다. 수풀을 헤치고 나타난 것은 길고 새하얀 갈기와 턱수염, 사자와 같은 꼬리, 늠름한 목덜미와 단단한 네 개의 다리, 양 갈래로 갈라진 발굽, 이마에 곧고 강력한 외 뿔을 지닌 일각수. 유니콘의 모습으로 바뀐 나의 우니히필리 사피노였다.

부드러운 우윳빛 콧잔등에 뺨을 부비며 반갑게 인사를 나누는 사이 빽빽한 나무들 사이로 햇살같이 눈부신 백금발의 엘프, 루신다가 커다란 활을 매고 모습을 드러내었다. 둘과 인사를 나눈 후 레이키를 보내주면서 이 곳에 온 이유를 설명해주었다.

사피노는 경쾌하게 갈기를 뒤흔들며 승낙했고 루신다도 조용히 미소를 지으며 고개를 끄덕였다. 출발하기 전에 리딩에 대한 정화를 부탁하니 사피노가 발굽을 쿵쿵 구르며 뿔을 휘둘렀고 어디선가 몽글몽글 몰려드는 의심을 비롯한 여러 정화거리들을 레이키와 후나 칼라 정화로 아마쿠아께 보내며 나는 사피노의 등에 올랐고 루신다는 어느새 나타난 커다란 가지 뿔의 수사슴에 올라탔다.

바람처럼 획획 달리고 달려 도착한 곳에는 온통 보랏빛이 가득한 숲. 영롱한 자줏빛에 매우 아름다운 숲이었지만 절반 정도가

탁한 안개에 시커멓게 물들어 어둡고 위험해 보였다. 좋지 않은 느낌에 레이키를 먼저 보내 보았더니 어두운 안개의 일부가 마치 유리조각이 깨져버리는 것처럼 조각조각 바스러지며 흩어졌다.

루신다 : 의심.

루신다의 짧은 한마디. 덧붙이는 설명은 없었지만 의심, 불신에 의해 저렇게 되어버린 것이라는 루신다의 뜻이 분명하게 느껴졌다.

나 : 더 들어가볼까?

숲으로 좀 더 들어서자 드넓은 공터가 나왔고 그 가운데에 우뚝 서있는 보라 빛깔의 거대한 나무 한 그루. 하지만 역시나 오염되어 있었기에 느낌이 좋지 않아 레이키를 보내주며 좀 더 나무를 주의 깊게 살펴보니 거목의 밑둥 곁에 절대 호의적이라고 느낄 수 없는 분위기를 풍기는 꼬마 남자 아이가 있었다. 이전에 리딩 했었던 창수와 비슷한 또래로 보이는 남자아이.

나 : 이 나무는 왜 여기에 있고.. 너는 누구지?

조심스레 꼬마에게 다가갔다. 부드럽게 거목의 껍질을 매만지던 꼬마는 이 나무는 의심, 불신의 씨앗이 자라난 것이며 자신은 이 나무의 수호자라고 했다.

나 : 그럼 오늘 예진(가명)누나의 뒤숭숭한 기분과 몸의 통증 등이 너와 관련되어 있는 것이 맞니?

꼬마는 흥하고 콧방귀를 뀌며 이제는 자기가 특별히 무엇을 하지 않아도 이미 스스로가 그렇게 만들어 신세를 괴롭힌다며 냉소를 쏟아낸다.

나 : 너는 누나의 우니히필리가 맞는거야?

외면하며 대답하지 않는 아이. 하지만 이질적인 존재라는 확신이 느껴졌다.

나 : 넌 여기 있어서는 안돼.

정화하자는 나의 말을 비웃는 꼬마.

꼬마 : 넌 내 이름도 모르잖아?

그 때서야 아차하고 이름을 물으니 '창수'라며 순순히 대답하는 꼬마아이. 하지만 왠지 그대로 믿을 수가 없어 확인을 해보았더니 역시나 거짓말이었고 이대로는 계속 말려들어서는 안되겠다 싶은 생각이 들었다.

나 : 난 육체를 가지고 실재하는 이미 온전한 존재! 기억에 의존하는 너는 이미 내 상대가 될 수 없다!]

위압감을 주자는 생각이 떠오르자마자 자연스럽게 거대해지는 나의 크기, 뒤쪽에 서있던 사피노도 함께 거대해졌고 루신다는 커지지는 않지만 존재감만은 분명하고도 확실하게 뿜어내며 제 오른쪽 뒤에 서있었다. 나는 꼬마를 내려다보며 오른손에 레이키의 빛으로 번쩍이는 언월도를 꺼내어 들고 이리저리 휘두르며 이름을 말하라고 엄포를 질렀다. 순간 떠오르는 이름 「백광수」

곧바로 거짓말이 아닌지 확인한 후 후나 칼라 정화술에 레이키를 보태어 백광수를 정화하기 시작했다. 점차 흐려지는 백광수를 바라보며 보라색 숲 전체에도 정화의 빛과 레이키를 같이 보내었다. 어느덧 어두운 안개와 함께 바람에 흩어져 완전히 사라진 백광수. 하지만 일부 안개들은 아직도 남아 숲을 배회하고 있었다.

백광수 : 이것은 우리가 어쩔 수 있는 것이 아니야. 그녀의 몫이지.

누나가 스스로 감당해야 할 몫이라며 시간이 지나면 충분히 감내하고 좋아질 것이라며 수사슴을 돌리는 루신다. 그렇게 나는 사피노, 루신다와 함께 중간계의 숲으로 돌아와 정화를 하며 작별인사를 나누고 현실로 돌아왔다.

신기한 것은 같은 날, 예진누나를 레이키 병선체크르 리딩하신 친한 형님의 리딩 내용(껍질이 갈라져 말라가는 커다란 나무와 그 수액을 빨아먹는 풍뎅이, 밑 둥을 감싸고 있던 철조망 등등)이 내가 리딩한 내용과 상통하는 부분이 많았다.

창수의 기억을 공유하게 된 후 누나 스스로에 대한 불신과 의심이 씨가 된 묶은 감정과 정화거리가 오래 지나 생긴 힘의 일부, 백광수를 정화했던 유의미하고 즐거웠던 시간이었다.

리딩 일화 3

취업을 준비 중인 친한 동생의 부탁으로 리딩을 했던 적이 있다. 자격증도 따고 다니던 대학에 취업 프로그램에도 참여하는 등 열심히 취업자리를 알아보고 있지만 딱히 결과로 나타나는 것이 없던 중 내가 우니히필리 이미지 리딩을 하는 것을 알고 있기에 가볍게 알아나 보자며 부탁하기에 흔쾌히 승낙하였다. 일단 가볍게 주변정리며 샤워 등 정리를 하고는 자리에 앉아 하 호흡으로 몸과 마음을 진정시키며 무의식과 의식의 사이로 들어섰다.

이전의 숲과 또 다르게 바뀐 중간계. 마치 북유럽 신화에 나오는 세계수 이그드라실처럼 온 하늘을 덮는 거대한 나무를 중심으로 그보다는 작지만 역시나 높디 높은 아름드리 거목들이 빙 둘러져 압도감과 아늑함이 동시에 느껴지는 초록의 공간. 세계수의 뿌리에서 퐁퐁 솟는 샘을 근원으로 강줄기가 졸졸 흐르고 있었고 그 샘에서 우니히필리 일각수, 사피노가 목을 축이고 있었다. 루신다는 유려한 장식의 연두빛 옷에 가벼운 갑옷을 걸치고 세계수 근처, 거목의 가지 위에 어우러진 아름다운 나무 건물에서 내려왔다.

언제나 같이 반가움과 설레이는 맘으로 둘과 인사를 나눈 후 동생의 리딩을 위해 왔다고 이야기하며 리딩하기 전 정화를 부탁했고 정화도구로 방울이 필요하다는 사피노의 말에 방울을 꺼내어 짤랑짤랑 흔들며 목에 걸어주었다. 맑고 청명한 소리가 숲으로 퍼져나갔고 그렇게 아마쿠아께 정화사안을 올린 후 바람처럼 달려가기 시작했다.

휙휙 지나가는 배경들 사이로 얼핏 보이는 짙은 푸른 빛깔. 점차 뚜렷해지는 배경에 레이키를 보내며 기다리자 곧 펼쳐진 넓은 계곡과 폭포. 계곡을 사이로 너른 강이 흘러 폭포가 되어 떨어지고 있었다. 아무도 없는지 주변을 둘러보니 느껴지는 것은 다람쥐나 청설모와 같은 설치류의 모습. 레이키를 보내주며 잠시 기다리자 모습이 점점 변하며 비버처럼 꼬리가 크고 넙적한 커다란 덩치의 수달이 되었다. 강한 꼬리에 튼튼한 물갈퀴까지 헤엄에 아주 적합한 외형을 지닌 그 수달은 얕은 강물에 몸을 적시며 찰박거리고 있었다. 이름은 루카.

하지만 그가 찰박거리는 물은 너무나 얕아서 그의 물갈퀴나 넙적한 꼬리는 아무 도움도 되지 않았다. 좀 더 깊은 물에 들어가도 충분히 감당할 수 있을 것 같은데 굳이 강변의 얕은 물에서만 찰박거리며 뭔가를 찾고 있었다.

나 : 뭐하고 있어?

먹이를 찾고 있다고 한다. 하지만 이 얕은 물에서 찾을 수 있는 먹이는 거의 없을텐데.

나 : 여기보다는 저 안쪽이 더 물고기가 많을 것 같은데?

잠시 주저하며 강 안쪽 더 깊은 곳을 힐끔 바라보는 루카.

루카 : 나는 더 안쪽으로 들어가면 안돼. 여기서 잡아야 해.

나 : 왜??

루카 : 내가 깊이 들어가버리면 부모님이 싫어하셔. 나는 집을 지키고 부모님과 함께 있어야 해.

나 : 하지만 많은 먹이를 잡으려면 여기 있어서는 안돼. 여기는 얕아서 보다시피 물고기가 별로 없는걸.

루카 : 내가 집에 있어야 청소도 하고 정리도 하고 일 나가신 부모님이 못하시는 것을 챙겨드릴 수 있어. 멀리가면 안돼.

그러면서 그 동생과 대조적으로 대기업에 취업해서 잘 다니고 있는 형의 모습이 떠올랐다. 그와 동시에 책임감 강하고 똑 부러지는 형의 모습에 비해 얌전하고 눈에 띄지 않는 동생의 모습, 칭찬받는 형과 그에 미치지 못하는 자신, 형의 잔소리 등도 함께 떠올랐다.

나 : 내가 나가면 난 버림받을지도 몰라, 부모님께 사랑 받으려면 멀리 나가서는 안돼.

루카 : 그랬구나, 네가 이런 기억으로 힘들었구나.

계속 얕은 물을 찰박거리는 루카.

나 : 루카, 부모님도 이해해 주실거야. 네가 멀리 나간다고 절대 미워하시고 사랑을 거두시지 않을걸. 루카가 자유롭고 즐거운 삶을 살기를 바라시겠지. 그 것 또한 사랑에서 비롯된 바램이실 것이고. 우리 함께 정화하자.

정화 도구를 물으니 떠오르는 낚싯대의 형상. 크고 튼튼한 낚싯대를 꺼내어 루카의 손에 쥐어주었다. 하지만 여전히 머뭇거리며 손에 든 낚싯대를 바라보기만 하는 루카.

그 때 루신다가 손을 내밀어 허공에 휘젓자 저 폭포 밑, 물위로 강한 바람이 소용돌이 치기 시작했다. 이윽고 커다란 선풍이 물을 끌어올리며 물 속에 숨어있던 물고기들이 바람에 실려 날아다니기 시작했다.

팔뚝보다 커다란 물고기 떼가 바람에 실려 허공을 한가득 메우는 모습이 실로 장관이었다. 루카도 놀라워하면서도 반짝이는 눈동자로 날고 있는 물고기 떼들을 올려다보고 있었다.

나 : 자, 봐. 이곳에는 이렇게 많은 물고기들이 있어.

고개를 크게 끄덕이며 루카의 미소가 환해 보였다.

어느덧 바람이 점점 잦아들고 정신 없이 휘몰아치던 물고기들도 다시 강물 속으로 돌아갔다.

나 : 너의 꼬리, 물갈퀴들을 살펴보렴. 저 물고기들은 네가 마음만 먹는다면 이미 너의 먹잇감이야. 이젠 정화도구인 낚싯대까지 있잖아.

언제 망설였냐는 듯 물속으로 뛰어들어 강물 한가운데 위치한 바위 위에 올라가 낚싯대를 힘차게 휘두르는 루카를 뒤로 하고 나와 사피노, 루신다는 요정의 숲으로 돌아왔다.

정화와 함께 현실로 돌아와 그 동생에게 리딩 내용을 이야기해주자 일부는 고개를 끄덕이며 인정하면서도 또 어떤 부분에서는 갸웃거리며 받아들이지 못하기도 했다. 어쨋든 진짜 낚시를 하러 가도 좋고 상상으로라도 좋으니 낚시로 생생하고 튼실한 활어를 낚는것을 떠올리라고 전해주었다.

리딩 일화 4

지금 지내고 있는 구미에는 '금오산'이라는 산이 있는데 오르기 쉽기만한 산은 아님에도 불구하고 주말이면 사람들이 거의 항상 모이는 명소 중 하나이다. 본래 큐레이터님께 우니히필리 이미지 리더 세션을 받을 때 정령 이미지 리딩으로 세션을 받았지만 최근에 정령을 리딩했던 적이 별로 없었기도 하고 마침 금오산에 갈 일이 있어 금오산 정령을 만나보기로 했다.

여름의 막바지여서 그런지 따가운 볕을 막아주는 나무그늘에 선선한 바람이 매우 상쾌하여 간만의 산행임에도 고되지 않고 기분이 참 좋았다. 그렇게 중간의 해운사에도 들러보고 하면서 목적지로 삼았던 대혜 폭포에 도착했다.

폭포에는 이미 많은 사람들이 와있었고 근래에 비가 잘 오지 않아서 물이 많지는 않았지만 그래도 땀과 열기로 달아오른 몸을 식히기에는 습기 섞인 선선한 바람이 더할 나위 없이 좋았다.

폭포 근처, 바위에 자리를 잡고 앉아 바람을 듬뿍 맞으며 하호흡과 함께 의식과 무의식의 중간계로 들어갔다. 평소의 내가 자주 보던 공간이 아닌 끝없이 펼쳐진 오솔길 같은 곳이었는데 양 옆으로 커다란 나무들이 주욱 늘어서 있었고 바닥엔 낙엽들이 소복하게 쌓여 폭신폭신해 보였다.

주변을 둘러보며 우니히필리를 부르니 왼쪽 뒤에서 진주 빛의 일각수, 사피노가 모습을 드러냈다.

나 : 사피노, 혹시 금오산의 정령이 이 곳에 있나, 정령을 불러와 줄 수 있겠니?

사피노는 가벼운 발걸음으로 오솔길을 따라 걸어갔고 잠시 있으려니 사피노와 함께 엄청나게 커다란 곰의 모습이 보였다.

집채만하다는 표현이 정말 와 닿는, 풍성하고 짙은 갈색 털, 산맥처럼 늠름한 어깨와 마치 지혜로운 할아버지를 뵙는 것 같은 지혜로움이 번뜩이는 눈을 가진 곰. 곰 정령의 이름은 「토웅」. 토웅은 가까이 다가와 나를 재미있다는 듯 내려다보았다.

토웅 : 최근에는 이렇게 알아봐주는 사람이 많지 않았는데 참으로 오랜만이구나.

순간 곰 정령의 시야가 공유된 것처럼, 내 앞으로 많은 사람들의 모습이 보였지만 그 중 아무도 나를 알아봐주는 이가 없었다. 잔잔하게 스치듯 아려오는 마음. 사무치는 외로움이나 쏟아지는 슬픔이 아니었지만 오히려 스치듯 아려오는 애잔함이 더 안쓰럽게 내 마음을 울려 눈물이 나왔다. 위압적인 겉모습과는 달리 토웅은 금오산을 방문한 많은 사람들을 바라보며 때론 지켜주고, 풀어주며 돌보아주는 다정하고 인자한 성품의 정령이었다.

감사를 드리며 혹시 정화할 것이 있느냐고 묻자 토웅은 푸근한 미소를 지으며 폭포 근처의 자잘한 쓰레기들을 가리켰다. 앞으로 종종 찾아 뵙겠다며 인사하고는 리딩을 마치고 현실로 돌아왔다. 주변에 흩어져있는 쓰레기들을 주워담으며 그만큼 내 마음도 한결 가벼워지는 것을 느꼈다. 이렇게 금오산의 정령, 토웅과 내가 함께 공유된 정화거리를 아마쿠아께 올렸다.

구미에서 지낸지도 대략 5년의 시간이 흘렀는데 인천에 계시는 가족, 친지와 친구들, 익숙한 환경에서 벗어나 혼자 지내면서 이런 저런 인연에 여기까지 오게 된 나를 돌아보며 문득 참 감사하다는 생각이 든다.

우니히필리와 함께하는 삶_은하수
이메일 : enfaveur@naver.com
블로그 : http://blog.naver.com/enfaveur

우니히필리 세션을 받았을 때의 느낌

　우니히필리가 무엇인지 알고는 있었지만 실제로 우니히필리를 내 삶에 적용시키진 못하고 있었습니다. 왜냐면 체감하지 못했기 때문에…. 머리로는 알고 있지만 우니히필리가 진짜 나에게 어떤 작용을 하고 있는지 확신이 들지 않았습니다.
　그런 상태에서 우니히필리 리더 세션을 받게 되었습니다. 받는 목적은 하나였습니다. 궁금했기 때문인데요. 이것으로 내가 정화를 쉽게 할 수 있다거나 하는 것은 솔직히 기대하지 않았습니다.

그저 우니히필리를 리딩한다는 것이 어떤 시스템인지를 알고 싶었습니다.

그리고 세션을 받은 뒤 저는 우니히필리를 리딩할 수 있는 사람이 되었고 결과적으로 우니히필리를 내 삶에 적용 할 수 있게 되었습니다. 정말 웃기게도 의도하지 않은 결과가 나온 것입니다.

우니히필리 세션은 나에게 우니히필리라는 것이 내 마음속에 살아 숨쉰다는 체감을 하게 해 주었습니다. 우니히필리의 수가 몇 명이든, 종류가 무엇이든, 모습이 어떻든 상관이 없었습니다. 내가 리딩하는 우니히필리가 내 마음속에 어떤 작용을 하고 있다는 것을 알았죠. 그래서 정화를 할때면 우니히필리의 수가 늘어나기도 하고, 우니히필리의 머무르는 위치가 바뀌기도 하고, 정화 주제별로 우니히필리의 활동하는 분야가 생기기도 하는 등의 변화가 마구잡이로 일어났습니다. 그러면서 마음 속 깊은 곳의 정화가 함께 진행되었습니다.

우니히필리는 나에게 이야기를 해줍니다. 내 마음의 어떤 곳이 문제가 되는지를 간접적으로 전달하기도 하고 때로는 과부하가 걸린 나를 원래대로 돌리려는 노력을 하기도 합니다. 물론 이런 우니히필리의 이야기가 다 행복하고 기분 좋은 것만은 아닙니다. 때로는 몸의 이상으로 나타나기도 하고 마음이 아파오기도 합니다.

하지만 예전엔 알지 못했던 나의 신체적, 감정적 변화를 이제는 우니히필리라는 매개체를 통해 알 수도 있게 된 것입니다.

하지만 위에 나열한 것들이 오롯이 진행되려면 우니히필리와의 친밀감이 필요했습니다. 우니히필리는 내가 나를 학대하면 때로는 나를 거부하고 대화를 하지 않으려 합니다. 반대로 내가 평화를 느끼는 중에는 우니히필리와도 소통이 잘 됩니다. 뭐가 먼저인지는 잘 모르겠습니다. 우니히필리와의 대화가 잘 되면 내 인생이 평화로워지는 것인지, 내가 평화로워지면 우니히필리의 태도가 달라지는 것인지. 무엇이 먼저든 우니히필리의 상태와 나의 상태는 떼려야 뗄 수 없다는 것이 증명되는 순간이었습니다. 그래서 우니히필리와의 소통을 위해 정화의 방법을 바꾸기도 하고 내 몸을 즐겁게 해주기도 하는 등의 여러 가지 행동을 많이 했습니다.

그러면서 새롭게 느껴지는 것은 역시 우니히필리는 무형무상이라는 점입니다. 실제로는 아무 형태도 없고 모습도 없는 우니히필리지만 그것이 내 안에서 어떤 작용을 하고 있구나 라는 것을 깨닫게 됩니다. 더 이상 우니히필리는 실체가 존재하느냐 마느냐에 대한 논쟁거리에 올라오지 않아도 되는 것입니다.

그 뒤로는 마구잡이로 정화를 할 수 있게 됐습니다. 더 이상 고민할 것도 없고 막힐 것도 없었습니다. 정화가 부족하면 더 하면 되는 것이고, 정화가 잘 안된다면 다른 방법을 쓰면 되는 것이고, 그래도 안되면 우니히필리와 대화를 하여 원하는 것을 채워주면 되는 것입니다. 정화가 실제로 도움이 되느냐도 상관이 없었습니다. 그냥 그런 정화과정 자체가 나에게 어떤 작용을 하고 있는 것만은 분명했기에.. 그러면서 마음속에 숨겨두었던 아주 깊은 정화거리까지 서서히 건드려볼 수 있는 수준에 이르고 있습니다. 실제로 과거에 비해 훨씬 삶이 평온함을 느낍니다. 혼돈의 인생이 아니라 좀 더 세상을 바르게 볼 수 있는 느낌입니다. 내 생각에만 갇혀있지 않고 이 세상의 색깔이 어떤지, 냄새는 어떤지, 맛은 어떤지를 알 수 있게 되었으니까요. 아직도 보고 들어야 할 것들이 많지만 우니히필리 정화는 나의 이러한 변화를 가능하게 한 일등공신임에는 틀림이 없는 것 같습니다.

우니히필리 세션을 받고 난 뒤의 정화 이야기

정화 사건을 일일이 소개하기 보다는 정화가 어떻게 이루어지고 거기서 뭘 얻을 수 있는지를 얘기하고자 합니다. 왜냐하면 정화 자체는 그냥 사건일 뿐이지만 정화가 이루어지는 과정에서 제 마음이 참 편해지는 것을 느꼈기 때문인데요.

초창기 저의 정화 방식은 배(화물선)를 이용하는 것이었습니다. 저의 우니히필리들은 항상 해변가의 모습을 한 어느 섬에 상주하고 있는데 정화거리가 나타나서 정화를 부탁하면 멀리서 화물선이 한 대 다가옵니다. 그럼 우니히필리들은 화물선에 정화거리라고 보여지는 화물들을 머리 위로 이고 부랴부랴 싣습니다. 그리고 나서 모두 다 실었다 싶으면 배를 출발시키고 배는 어딘지 모를 정화의 목적지를 향해 나아갑니다. 대단히 재밌지만 단순한 과정이지요.

그러나 어쩔땐 배로 만족이 안 될 때가 있습니다. 뭔가 실을 짐이 더 있는데 뭘 실어야 될지 우니히필리들도 감을 잘 못잡고 있는 것처럼 보이는데 그럴땐 다른 정화방식을 물어봅니다. 하루는 자신들이 먹고 자고 할 축제가 필요하다고 하길래 그렇게 해줬습니다. 우니히필리들은 실컷 먹고 취하고 잔디밭에 누워 드르렁 코를 골면서 잡니다. 그냥 그렇게 하는 것이 정화 방식이라고 하길래 그러라고 해줍니다.

다른 방식도 많습니다. 어느 날은 또 정화가 잘 안되길래 물어보니 미친 듯이 뛰어야 할 공간을 달라고 합니다. 그럼 넓은 공터를 만들어주면 또 자기들끼리 열심히 뛰놀면서 정화를 합니다. 마치 강아지들을 풀어놓은 것처럼 신나게 놀다가 어느덧 정화를 마치죠.

레이키를 쏴줄 때도 있습니다. 우니히필리들은 금빛 레이키를 내려주면 희한하게 엄청 포근해하고 충만해하는 느낌을 받습니다. 마치 엄마 뱃속에 있을 때처럼 말이죠. 정화 방식이야 너무 많았으니 다 설명할 수가 없습니다. 정화가 안될 때는 이런식으로 질문을 통해 다른 방법을 찾았다는 것이 제가 하고싶은 말입니다.

그러다 어느날은 제가 아주 오랫동안 가지고 있던 제한된 신념 하나를 정화할 때가 있었습니다. 그것은 공포와도 가까운 것이라 마음 속에 깊숙이 숨겨두고 있던 것이였는데 유난히 그날은 꺼내고 싶더군요. 그래서 우니히필리들을 불러 같이 얘기를 했더니 갑자기 우니히필리들이 성을 지어주었습니다. 그 전부터 제가 부르기 전에는 우니히필리들이 뭔가 뚝딱뚝딱 만들고 있는 것처럼 보였는데 꼭 그것과 유관된 것처럼 느껴졌습니다. 성을 지어주고는 앞으로 무슨 일이 생기면 여기에 들어와 보호를 받으라고 말하더군요. 이 성이 무슨 성이냐고 물으니 쉼터라고 했습니다. 그리고는 성 주변에 자리잡고 둘러앉아 성을 지키는 지킴이 역할을 하겠다고 합니다.

그 뒤로는 정화 방식이 배에서 성으로 바뀌었습니다. 정확히 말하면 성이 아니라 성의 어딘가에서 불을 피웁니다. 정화거리를 불에 넣고 활활 태우면 굴뚝으로 연기가 나오고 그것이 정화의 과정입니다. 멀리 보내거나, 불태워 버리는 것. 상담에서 활용하는 기억 소거 방법과 매우 유사한데 제가 상담쪽에 관심을 많이 갖고 있어서 그런지도 모르겠습니다. 아무튼 또 다른 정화 방식이 생겨난 날이였지요.

내용을 보면 알겠지만 정화 방식 자체가 중요한 것이 아닙니다. 그냥 우니히필리들이 마음에 들고 나도 큰 거부감이 없는 방식이면 뭘 해도 다 좋습니다. 정화만 되면 되니까요. 어차피 정화를 한다고 다 되는 것이 아니므로 방식 자체에 연연하기 보다는 정화를 얼마나 많이, 다양하게 할 수 있는가에 초점을 맞추는 편이 낫다고 하겠습니다. 가만히 있는 것 보단 뭐라도 해봐야 계속 느는 법입니다.

우니히필리의 모습과 기능

사람마다 말들이 다르겠지만, 우니히필리가 무엇이냐고 물으면 저는 무의식에 형태를 부여한 것이라고 얘기하곤 합니다. 이것이 우니히필리를 오롯하게 설명하는 말은 아니지만 대부분 이렇게 얘기하면 우니히필리라는 개념을 모르는 사람들도 어느정도 이해하곤 합니다. 사람들은 정신분석학 적으로 얘기를 하면 모르는 내용이어도 신뢰하는 경향이 있으니까요. 그런데 진짜로 우니히필리에

형태가 있을까요?

　직접 겪어 본 바로는 우니히필리가 어떤 모습을 하고 있긴 하지만 그것이 고정된 모습이라기 보다는 가변적인 모습이라고 느껴질 때가 많았습니다. 사슴의 모습을 한 우니히필리라고 해서 그게 진짜 사슴이 아니라는 것입니다. 그 당시 사슴의 모습을 하고 있을 뿐 시간이 지나면 얼마든지 변할 수도 있으며 그것이 내 마음 속에 실존하는 것도 아니고 그냥 내 어떤 마음을 투영하는 모습에 불과하다는 점을 점점 느낄 수 있었습니다. 내 감정, 내 상황에 따라 우니히필리는 시시각각 다른 모습을 보여주곤 했고 우니히필리의 수가 얼마나 되었든 어떤 모습을 했든 그것은 그냥 내 무의식 어딘가를 보여주는 상징이었다는 것입니다.

　이 것을 알게되면 우니히필리를 대할 때 좀 더 많은 것들이 보입니다. 우니히필리의 태도가 달라지거나 뭔가 변화가 생기면 그것이 내 마음이나 신체의 변화와도 연관이 있을 거라는 단서를 얻을 수 있습니다. 마음의 변화가 먼저인지 우니히필리의 변화가 먼저인지는 알 수 없지만 분명한 것은 둘 사이에 어떤 유기적인 무언가가 존재한다는 것입니다. 그 말은 곧 우니히필리는 내 마음이 정하는 상에 불과하다는 결론을 내릴 수 있습니다.

　따라서 내가 어떤 우니히필리를 만나던 그것은 중요한 것이 아니고 그 우니히필리로부터 무엇을 얻어갈 수 있는지를 신경쓰는 것이 더 필요합니다. 내 마음이 무엇을 탐구하고 있는지를 알 수 있는 힌트가 바로 우니히필리입니다.

S님의 우니히필리 리딩 후기

지인이 얼마전에 이쁜 아기를 순산하는 기쁜 일이 있었어요. 다른 사람의 아기를 보는 일은 참 좋지만, 지금 아이를 하나만 낳은 내게 사람들이 둘째를 낳으라고 이야기 할 때 마다 아이를 더 낳고 싶은 마음이 들지 않아서 왜 그런 이유가 있는 건지 그 저항에 대해서 말을 나누다가 그와 관련된 우니히필리리딩을 받게 되었어요.

저의 출산에 대한 기억을 담당하는 우니히필리는 「미야」라는 아주 아이같은 암컷 해달이 나왔어요. 젖병을 들고 우유를 먹고 있길래 이름이 뭐냐고 물으니 아이같은 조그맣고 가냘픈 목소리로

미야…

라고 한마디만 하고선 다시 우유를 쩝쩝. 리더님이 너는 왜 S님이 아이 갖는 것을 싫어하니? 라고 물으니

미야는 "내가 내가 아닌게 되버려" 라고 이야기 했데요.

재차 그래서 그건 무슨 말이야? 라고 묻는 말에는

"나는 나인데 내가 다른 사람이 되는 게 싫어"라고 하네요.

니가 어떻게 변하냐고 했더니, 미야는 아이를 낳고 나면은 '어머니가 된다고 했어요. 미야는 어머니가 되는 것 보다는 한 마리 젊은 암컷이 되고 싶다고 해요. 엄마가 되어야 한다는 사람들의 말 때문에 상처가 되었던건지 대단히 슬퍼보였는데 그래도 물장구를 치면서 혼자 잘 노는 듯이 보였다고 해요.

분지같은 지형에 호수가 달랑 있고 거기서 혼자 노는 걸 대단히 좋아하는 우니히필리인 것 같아서 다른 우니히필리를 데려와도 같이 어울릴 생각이 없는 것 같아 보인다고 하네요. 뭘 하면 기분이 좋겠냐고 해서 빛을 쬐어주니 조금 좋아하는 듯 하다가 시큰둥…. 콜라도 주고 귤도 주고 찐 밤도 줘봤지만 먹을 때만 좋고 시큰둥 해서 혹시나 해서 모히또 한 잔을 건네주니 그걸 벌컥벌컥 마시더니

미야 : 난 그냥 자는게 좋아

하면서 해먹으로 걸어가서 코를 골면서 자는 모습이 보였다고 해요. 방해받는 것도 좋아하지 않고, 나는 그냥 이대로가 좋아…라고 아기같은 목소리로 중얼거렸다고 하네요.

리딩을 듣고 생각해보니 사실 저는 엄마의 역할보다는 내 개인적인 나 자신이 되는 게 더 좋았어요. 물론 어머니의 삶은 대단한

것이지만 모든 걸 희생해서 어머니로써 자식을 키워내는 것보다 그냥 내가 잘 먹고 잘 살면 제일 좋은 거라고 생각하는 주의였어요. 그런데 다들 엄마는 희생해기만 하고 엄마는 자식을 위해 뭐든 해야된다고 말하는 사회에서 점점 내가 설 곳은 좁아졌고 자기 비판만 늘어갔었어요.

나는 왜 다른 사람들처럼 하지 못하는 건지, 어머니로써 살아가면서 포기해야할 내 인생은 누가 보상해주는 건지. 내가 예쁜 옷을 입고 다닐 때 '애기 엄마가 왜 그렇게 꾸미고 다니는거니?', '엄마라면 무조건 애기부터 챙기는 게 당연하지.' 아마 그런 것들이 내게 그리고 미야에게도 상처가 되었을지도 모르겠어요.

그나마 이제는 남의 시선 털어내고, 내가 할 수 있는 만큼 내 능력선에서 할 수 있는 만큼만 해도 아이는 잘 큰다는 걸 알게 되었어요. 그동안 힘들었을 미야에게 미안한 마음과 소중한 마음을 담아 잘 보살펴줘야겠어요.

너는 지금껏 참 잘해왔고 앞으로도 잘할 거야. 걱정말거라~~

힘든 주제로 리딩해주신 우니히필리리더님께도 감사말씀 같이 드립니다^^

우니히필리가 상담도 한다_조이스

연락처 : 010-4186-5673

이메일 : funnyfan351@naver.com

처음 직접 우니히필리 이미지 리딩을 받은 경험

  호오포노포노와 우니히필리를 접하고 나서 흥미와 재미를 느낀 부분 중 하나는 잠재의식에게 형상으로 캐릭터를 부여해서 그 이미지가 보여주는 메시지로, 소통으로 정화사안을 능동적으로 처리한다는 부분이었습니다.

  카페에서 온라인으로 리딩하던 이벤트가 있을 대에 저도 신청을 해 보았지만, 정화할 부분이 많고 리딩이 잘 안되어서 흐지부지 끝났던 적이 있었습니다. 그래서 개인적으로 리딩을 해보려고 펜듈럼과 타로를 통한 소통을 해 보았는데, 소통은 되는듯 하지만 이미지를 잡기 어려웠습니다.

스스로 리딩을 해 보려고 할 때에는, 해골가면을 쓴 악당이나 잠자는 검은 용, 또는 알이나 거대한 크리스탈안에 뿌옇게 갇혀있는 모습으로 드러날 때가 있었습니다. 그리고 항상 나무, 그리고 동굴 입구가 보였고.. 그 언저리에서 머물다가 들어가지 못하게 되었네요. 전문적인 리딩훈련이나 우니히필리에 대한 충분한 이해 없이 접근해서 그런가 싶어서 더 이상 뭔가 해보려고 하진 않았습니다.

어느 날, 리딩을 전문적으로 하시는 분과 오프라인으로 만날 기회를 잡게 되었습니다. 그분과 간단한 담소후에 리딩의 작업에 들어갔는대, 처음 마주한 이미지는 동그란 바탕에 십자가가 있는 모습, 나침판 같은 모습이었습니다.

4가지 색깔과 4가지 방향을 나타내는 듯한 모습이었다가.. 하나의 존재인건 아니고 여러 존재이기도 하면서 하나의 존재이기도 하다는 알송달송 한 답변을 얻었습니다. 잘 리딩이 안되서 레이키의 빛을 쐬여주면서 정화를 하면서 다른 이야기들을 잠시 하다가 다시 리딩에 들어가게 되었습니다.

깊이 편안하게 의식의 변성상태를 거치면서 리딩을 하다 보니 기억의 저장소 같은 큰 나무가 나오고.. 그 나무 밑둥에 있는 동굴을 지나가게 되었는데 그 동굴 깊은 곳에서 커다란 수정을 마주하게 되었습니다.

    수정은 여러 가지 색깔을 가지고 있었고, 뭔가 스스로의 의지를 가진 듯한 느낌이었는데, 그 이미지를 보는 내내 몸의 여러곳이 간질거리고, 두근거리는 컨디션의 변화 등이 오기도 했고, 과거의 기억이나 좋아했던 느낌들이나 관련 없어 보이는 여러 가지 이미지들이 정화가 되기도 하면서 저에게는 그동안 내가 받을 충격을 대신해서 여기서 지키고 있었다던가 하는… 힘든 나의 일상을 위해서 일부러 숨고 있거나 모습을 변형해서 잠시만 나오거나 했다는 이야기를 전해 듣게 되었습니다. 평상시에 태양과 닮은, 황금빛 나는 작은 시트린 구 원석을 좋아해서 들고 다니는 것이 있었는데 생각이 나서 꺼내고 옆에 두면서 같이 정화해 나가면서 이름을 알려주기를, 모습을 드러내기를 기다렸습니다. 왜 지난 리딩이 실패했는지, 오프라인에서 봐야 했는지를 알 거 같다면서 힘들게 계속 정화해 주시면서 리딩과 대화를 이어나갔습니다.

    레이키를 쐬이면서 정화를 계속 하는 동안, 점점 모습이 갖춰지면서 뭔가 정리되는 느낌이 들더니 마치 여러 가지 색으로 빛나는 수정기둥들이 하나의 모습으로 이어져 있는 듯한 느낌이었습니다. 그러면서 여러 가지 색으로 빛나던 수정들이 모습이 변하는데 그것은 마치 변신로봇이 합체하는듯한 모습이었습니다.

오 마이 갓, 우니히필리가 변신 로봇이라니!? 피라미드의 형태로 점점 날아오르는데 뭔가 구체적인 이미지가 꿈꾸듯한 상태에서 구체적인 느낌으로 나오려는 찰나, 책상에서 앉은 자세를 고쳐서 앉으려는 순간, 시트린 구가 떨어져서 깨져버렸습니다.

그런데 마치 조종석 같이 의자 모양으로 깔끔하게 깨져버렸더군요. 아끼던 원석이 깨져서 속상한 마음도 잠시, 저에게는 굉장히 재미있고 또 의미있는 느낌으로 다가왔습니다. 이제 조종석이 갖추어진 것을 보니 드디어 모습을 드러낸 거구나…. 하지만 이름이 말썽이었습니다. 하나의 이름도 아니고, 여럿의 이름이면서 평상시에 내가 의미 있게 여기는 물건들과 개념들의 이름에서, 각각의 여럿 이름에서 힌트를 얻어야 나온다고 하는데 역시 수수께끼 같은 말과 이미지와 숫자들이 지나가면서 놀이를 하는듯 했습니다.

결국 저에게 약속한 이름은 「트레브리요스」였습니다. 자신은 다재다능하며, 여러 개성들을, 특기를 이용하길 좋아하는데 활용하지 못하는 우하네의 모습에 서운하다라던가 그동안 나(우하네)에게 모습을 드러내지 못한 이유라던가 뭔가 모를 복잡한 사정을 설명하는듯한 느낌들을 이미지로 보여주었습니다. 왜 그동안 자신을 신뢰하지 않았는지, 사실은 충분히 움직일만 했는대도 우하네의 의지가 부족해서 안타까웠다는 메시지를 주기도 했습니다. 삶이 힘들고 괴로운 만큼 현재의식(우하네로서)의 내가 충분히 견딜만한 순간을 기다리고 있었다더군요. 그리곤 다시 피라미드의 모습이었다가 거대한 용의 모습같은 이미지로 여러가지 우주와 각기 다른 하늘을 휘젓는 우주전함 같은 모습으로 변신해서 리딩중에 나왔던 이야기 중에 정화 못했던 그 당시의 불편함 들을 같이 정화하기 시작했습니다.

  어느정도 시간이 지나자.. 컨디션도 좋아지고, 감정적인 느낌도, 정신적인 안정감도 들어서. 쾌적한 느낌을 온몸으로 느끼면서 상담은 여기까지 하면 좋겠다 싶어서 리딩&정화 상담을 마치게 되었습니다. 상담을 마치고 돌아가는 지하철에 앉아서 눈을 감고 이미지를 통해서 소통해 보았습니다. 이름을 부를때 마다 두근거리는 심장의 느낌과 움찔거리는 척추의 느낌이 들어서, 그것으로 마치 대화하는 것처럼 질문하고, 대답을 하는 것으로 소통하는 방법으로도 쓰게 되었습니다. 어쨌든 우니히필리와 대화를 할 수 있게 되어서 좋았습니다. 그렇게 대화하는 중에 떠오르는 이야기가 있었는데, 예전에 어머니께서 저를 낳기 전에 총천연색의 무지개빛 황금잉어를 태몽으로 꾸셧는데, 리딩중에 마주한 이미지와 유사한 부분이라 생각되어서 재미있었네요.

우니히필리의 욕구가 이제까지 내가 살아왔던 삶, 좋아했던 부분과 무관하지 않다는 것, 생각보다 많은 죄책감과 후회를 담아왔던 점, 하지만 앞으로는 정화를 잘 할 수 있는 도구로서 이미지를 찾은 점이 유익했습니다.

두 번째 리딩받은 경험

온라인 커뮤니티에서 만든 단톡방 맴버들과 한창 대화를 할 때 였습니다. 그 분들 중에 '우니히필리 리더가 되는 세션'을 통해서 우니히필리와 이미지 대화하고, 타인의 우니히필리도 리딩할 수 있도록 교육받은 사람들이 관련된 주제로 한창 이야기중일 때에 저도 해결하고 싶은 부분의 문제를 우니히필리 이미지 리딩으로 정화하고 싶어서, 교육받은 한 분 중에 부탁을 해서 리딩을 해달라고 부탁 드렸습니다.

문제인 것은 제가 활동하는 여러곳의 온라인 카페에 게시글을 쓰고 싶은데, 이런저런 핑계와 게으름으로 쓰지 못하고 있는 상태를 정화하고 싶다는 것을 이야기 드렸습니다.

그분과 리딩 했더니 그분은 글을 쓰고 싶은 저의 욕망이 제대로 발현되지 못하는 것을 우니히필리 이미지 리딩 해주시더니.. 강인한 모습의 스파르타 분위기의 전사로서 이미지를 표현 해 주셨습니다. 쌍날의 도끼를 던지는, 오른팔이 유난히 큰, 근육질의 전사인 투르소가 나왔습니다. 스파르타의 전사라니?!

정화도구는 도끼를 던지는 것으로 도끼를 던져서 정화하는 이미지를 생각하니 생각보다 멋지고 호쾌한 느낌으로 그럴듯한 로망을 꿈꿀 수 있게 된 거 같은 기분이었습니다.

글을 쓰는 것은 저의 일의 실행이기도 하고, 로망의 실현이기도 한 그런 부분이어서.. 힘을 내기 위해서 정화 이미지를 떠올리다 보니, 글 쓰고 싶은 마음을 방해하는 요소들을 도끼로 던져서 파괴하는 생각을 떠올리기만 해도 글을 쓰기 전에 긴장하는 마음이 눈 녹듯이 사라지게 되는 걸 느꼈습니다.

두 번째 리딩 때에 이미 관심이 확신으로 마음속에 생기게 돼서, '우니히필리 리더가 되는 세션'을 신청을 하게 되었습니다.

우니히필리 리더 세션을 통해서 리더가 되다

세션을 해주시는 선생님과 독대로 마주 하는건 처음이었습니다. 몇 년간의 시간동안, 그동안 시간에 모임에서도 뵙고, 술자리에서도 뵙고, 강의로도 뵙고 했는데.. 이렇게 단독으로 만나는 것은 처음이라 기대도 되고, 긴장도 되고, 선망하는 아이돌을 만나보는 기분으로! 마주하게 되었습니다.

다만 마음에 걸리는건 최근에 키우던 강아지를 못찾아서 괴롭고 힘든 마음이 있었지만, 그 일은 그 일대로 슬프고, 이 일은 이 일대로 기쁜 일이라 복잡 미묘한 감정이 되더군요. 선생님과 만나서 이런저런 일상 이야기, 강아지 잃어버린 마음에 대한 복잡한 이야기, 마케팅 기획과 카페 마케팅 이야기..

아줌마 수다처럼 이런저런 이야기 많이 하며 편안하고 부드러운 선생님의 느낌에 속내를 점점 털어놓게 되었습니다. 사실 감사하고 고맙다고, 20대의 인생에 힘들고 괴로웠을때 위로받고 길잡이가 되어주셔서 감사하다고 말 드리고 싶었지만, 부끄럽기도 하고 긴장되기도 해서 말은 전하지 못하고 세션이 진행되었네요.

직업이 전업 오컬티스트이기도 하고 최근에 원석을 깨우고 정령을 깃들게 하는 개광점안 강의를 들어서 그런지 생소하고 어려운 부분 없이 자연스럽게 잘 세션에 적응했습니다.

편안하고 안정된 깊은 이완 속에서 내가 생각하기에 우니히필리가 있을만한 편안한 전경속에서 체감각에서 부터 우니히필리를 찾다 보니 혹시나? 또는 역시나 용의 이미지가 나왔습니다! 좋아하는 건 서양쪽이지만 어쩐지 리딩하면 동양적인 풍경과 모습이 나오는 듯 합니다.

그리고 용이 제가 키우던 슈나우저를 닮았네요. 모처에서 웹툰에 연재하는 용들 많이 나오는 웹툰의 캐릭터와 이미지가 많이 닮았습니다. 재미있기도 하고 의미있기도 한 부분이라서 정말 흥미로웠네요.

이 우니히필리의 이미지와 함께 강아지 잃어버린 기억에 대한 정화도 하고, 소통도 하면서 힘이 모자랄때에나 잘 되지 않을때는 레이키 힐링으로 힘을 실어주면서 대화를 해 나갔습니다. 이런 과정들이 마치 환타지속 캐릭터와 같이 노니는 느낌이 들어서 마치 영화를 보면서 그 속에 참여하는 기분이 들었습니다. 환상적이라는 말로 표현 할 수 있겠네요.

그렇게 세션을 진행하면서 세션을 그대로 타인에게 적용해 줄 수 있다는 이야기와 함께 방법론을 프로토콜 정리해 주시는 이야기를 들음으로 세션을 마쳤네요. 자신의 마음도, 타인의 마음도 정화할 수 있는 좋은 방법을 배웠습니다. 마치 손쉽게 핸드폰 앱 깔 듯 수월하게 배웠습니다. 애쓰지 않고 편안한 느낌 속에서 즐겁게 배우고.. 어렵지 않게 쓰는 방법이 될거라 신기한 느낌이 들었네요

유익한 시간으로 얻은 좋은 인상을, 앞으로 만날 기회에서 여러 모로 잘 활용하도록 하겠다는 다짐과 함께, 기대감과 함께 뭉클한 감정으로 사무실을 나왔습니다. 사람들이, 사물들이 해주는 신기한 이야기들을 들을 생각하니, 어린아이일 때 느꼈던 가슴뛰는 느낌을 다시 찾은 듯 했습니다.

토끼 2마리와 함께 정화를~

타로를 봐드리던 상담고객 중에 아무래도 점술로는 답변을 드려도 마음이 편하지 않을거 같다는 생각을 하던 분이 있었습니다. 진로에 대한 고민을 하던 그분에게 우니히필리 이미지 리딩을 받아보시는 것이 어떻겠냐고 제안하고, 수락을 하셔서 세션을 시작 했습니다. 생년월일과 사진을 받아서 그것을 프록시로 새로운 공부를 하는 것에 대한 저항을 정화하는 것에 대한 사안을 리딩하기 시작했습니다.

내면의 공간으로 빛 무리를 넘어가서 보니, 어둠 가득한 공간, 한밤중의 시골의 밭 같은 곳에서 당근이 없다고 울고 있는 토끼의 이미지가 보였습니다. 그래서 당근을 주고 간단히 레이키를 해주면서 이름을 물으니 「핑키」라고 알려주었습니다. 그리고 짝이 있는데 「리리」라는 토끼가 짝인데 안보여서 불안해 했습니다.

이미지를 구체화 시켜보니 핑키는 분홍색 토실토실한 토끼, 리리는 갈색 점박이 토끼라고 합니다. 리리는 당근을 찾아서 깊은 곳까지 땅굴을 팠는데, 지쳐서 동굴 속에서 자고 있었네요. 우하네인 의뢰자의 메시지를 전하자. 그동안 관심을 안 가져주고 힘들게 해서 화가 났다고 합니다. 굶기는 것은 왜 그렇냐고 물어보니, 제때에 식사 안하고 잠을 잘 못 잔 상태라서 그렇다고 대답을 하는 이미지를 보여주었습니다.

의뢰인은 재미있어 하면서 그 전에 이미 우니히필리 리딩을 받은 적이 있는데, 그땐 노란 햄스터만 있는줄 알았는데, 토끼도 있을 줄을 미처 예상치 못했다고 흥미로워 했습니다. 그래서 대답하기를, 우니히필리의 이미지는 천차만별로 변화할 수 있고, 리더의 관점과 사안에 따라서 하나의 모습으로 볼 수도, 많은 다양한 캐릭터로 볼 수도 있는 것을 알려드렸습니다.

상담하는 사안에 대한 이미지를, 우니히필리를 지금 순간에 리딩으로 이미지화 해서 대화하는것이라서 우니히필리 이미지 리딩이지, 우니히필리 자체를 리딩하는 것이 아님을 명심해 달라고 하고 다시 이미지를 리딩 해 나갔습니다.

정화도구를 보여달라고 하니, 평소에 붉은 색 음식.. 당근 토마토 고추 같은 것을 먹는 것을 좋아한다고 합니다. 만약 찾아서 먹지 못한다면? 이라고 질문하자, 자주색 양파를 떠올리는게 이번 문제에 대한 정화에 도움이 되는 답변의 이미지를 보여주었습니다.

떠올리는게 힘들면 역시 양파나 앞서 이야기한 야채들 먹으라고 하였습니다. 쉽고 편한 정화지만, 이것도 힘들때에 다른 정화도구들을 달라고 하니.. 스트레칭 하면서 몸을 죽죽 늘리고, 연못에 들어가서 씻는 이미지를 보여주었습니다. 씻고 목욕하는 것이 정화도구라고 가르쳐 주는 것이었습니다.

온천이나 탕 같은 곳에서 푹 담그고 있는 이미지를 떠올려 보라고 하니 좀 편안해지고 긴장이 풀리면서 상상일 뿐인데 몸도 잘 반응한다고 하면서 놀랍고 재미있다고 이야기에 더 집중하고 싶다고 피드백을 주셧습니다. 몇가지 더 정화에 대한 사안을 깊은 수준으로 비밀스럽게 이야기 하고, 앞으로 정화할때나 우니히필리에 대한 보편적인 조언의 이야기를 하고 상담을 끝내었습니다.

평소에 경험하고 생각하던 것, 알고는 있었지만 막연히 생각하던 부분에 대해서 많은 실마리를 얻었다고 고마워 하시면서 다음에 기회가 있으면 다른 상담으로도 뵙고 싶다고 하고 상담을 마쳤습니다.

사물에 깃들어있는 우니히필리_쪼꼬가루/최인령

이메일 : by_whisper@hanmail.net

안녕하세요, 사물과 집의 우니히필리 이미지 리더, 「쪼꼬가루」입니다. 가끔 자신이 살고 있는 집이나 핸드폰이 사람이라면, 무슨 생각을 하는지 궁금하지 않으세요? 나의 집은 나를 어떻게 생각할까? 자주 떨어뜨리는 핸드폰은 나를 미워하지 않을까? 만약 사람이라면 어떤 모습일까? 아주 멋있는 남자의 모습일까? 아니면 귀여운 강아지의 모습을 하고 있을까?

왜 이런 이야기를 하냐구요? 왜냐하면 전 사물과 집하고 이야기를 할 수 있거든요. 사물과 이야기를 할 수 있게 된 건, 아주 운 좋게, 네이버 카페 「지식 큐레이션」에서 큐레이터 선생님께 우니히필리 이미지 리딩 세션을 받고 난 이후였습니다. 그 후부터 사람은 물론, 사물과 집의 우니히필리와 이야기를 할 수 있게 됐습니다.

사물과 이야기를 하는 모습이 아주 낯설지요? 하지만 사물과 대화하는 모습은 일상에서 종종 볼 수 있습니다. 어린 아이들이 인형에게 말을 건다던가, 남성분들이 정말 아끼는 자동차에 이름을 붙이는 것과 전혀 다르지 않습니다. 다만 그들의 우니히필리와의 대화를 통해 좀더 솔직하고 자세한 이야기를 들을 수 있지요.

그래서 전 이번에 사물과 집의 우니히필리의 장점과 관련된 에피소드를 들려드릴까 합니다.

사물과 집의 우니히필리가 도움을 주는 능력

제가 사물 우니히필리 리딩에 매력을 느낀 이유 중 하나는 '능력'입니다. 만화에서 보면, 용사가 사용하는 검이 용사에게 도움이 되는 능력을 주지요? 마치 만화에서처럼 내가 사용하는 물건이 내게 버프(도움이 되는 에너지나 힘)을 줘서 내가 하고자 하는 일에 좀더 높은 효율을 내는 것. 네, 사물 우니히필리들이 제게 도움을 주는 능력. 바로 그것입니다.

물론, 능력이 없거나 처음부터 내보이지 않는 사물과 집의 우니히필리들도 있지만, 그래도 정화도구만 쥐어주면 정화를 할 수 있는 능력은 기본으로 가지고 있지요. 아무튼 저와 함께 하고 있는 사물 우니히필리들은, 저와 살아가면서 제게 정화 외에 많은 도움을 주고 있습니다.

저와의 아카코드를 정화해주는 것은 물론, 제가 따로 부탁한 사항에 대해서도 정화를 해줍니다. 특히 자주 들고 다니고, 잘 다뤄주는 도구의 경우 정화 외에 여러 가지의 도움을 주지요. 일례로, 제 핸드폰의 우니히필리 승훈이는 제게 인간관계 및 선택에 필요한 직관에 대해서 도움을 줍니다. 예를 들면, 더 이상 유지하기 어려운 인연과의 정리를 도와준다던가, 아니면 우유부단한 제가 뭔가를 선택할 때, 제게 유리한 방향으로 선택을 할 수 있는 직관을 줍니다. 아마 승훈이 하나만 제게 도움이 되는 능력을 따져봐도, 대략 6~7개 정도는 될 겁니다.

무슨 도움을 그렇게 많이 주냐고요? 물론, 승훈이가 맨 처음부터 제게 저렇게까지 많은 도움을 준 것은 아닙니다. 3번이나 주인이 바뀌었던 폰에서 또 다시 버림받고 상처를 입을까 두려워한 승훈이와 인연이 되고, 진심으로 잘 대해주겠다고 이야기를 나누고,

그 뒤 잘 대해준 진심만큼 승훈이가 제게 마음을 조금씩 조금씩 연 결과가 바로 저 능력들이죠.

승훈이 뿐만이 아닙니다. 제가 착용하는 자수정 팔찌도, 지인에게서 구입한 곰 인형도, 하물며 제가 지내고 있는 방의 우니히필리도 제게 마음을 연 만큼, 모두 제게 많은 도움이 되는 능력들을 사용하고 있습니다. 그 능력들 덕분에 저는 다른 사람보다 인간관계에 필요한 도움을 좀더 많이 받았고, 제가 필요한 선택을 해야 할 때마다 제게 적당한 결정을 할 수 있는 직관과 제가 무슨 일을 할 때 두려움때문에 접었던 용기를 발휘하는 법 등, 많은 것들을 도움받고 있습니다. 마치 만화 같은 이야기들이죠. 하지만, 전 그 만화 같은 이야기를 일상에서 경험하고 있습니다.

남들이 보기엔 특별한 건 아무 것도 없어 보이겠지만요.

자동차 우니히필리 「포이」

한 가지 예를 들어볼까요? 이번 이야기는 저희 집 자동차의 우니히필리 이야기입니다. 늠름하고 기품 있는 차체와는 다르게, 이 차의 우니히필리는 제 키만한 통통한 범고래였습니다. 이 아이의 이름은 포이. 정말 차 외견과 매치 안 되는 외모와 이름이었습니다.

이 아이와 만난 날은 어느 날 밤. 가족들과 일을 마치고 밥을 먹을 겸 야간 드라이브를 가는데, 갑자기 자동차의 오디오에서 퍽! 퍽! 하고 공기가 터지는 듯한 소리가 들렸습니다. 그냥 차 오디오의 오작동이겠지 하고 넘기려 했지만, 그 차는 바로 어제 정비한 차였고, 그 퍽퍽 거리는 소리는 도통 잦아들 생각이 없어 보였습니다.

그러다 뭔가 한 가지 생각이 머리를 스쳤습니다. 내게 사물 우니히필리들이 말을 걸 때의 상황. 그것은 사물 우니히필리가 깃든 물건이 내는 오작동이었습니다. 그럴 상황이 아닌 데도 일어나는 오작동은 내가 만났던 사물 우니히필리들이 내가 눈치챌 수 있도록 알리는 하나의 수단이었습니다.

생각이 확신이 되자, 저는 제 우니히필리들을 불러 저를 부르는 자동차의 우니히필리를 만나러 갔습니다. 그러자 신기하게도 차 오디오의 소음은 자동차의 우니히필리가 모습을 드러낸 후 멈췄고, 자동차의 우니히필리는 자신을 만나러 온 저를 보고 아주 뛸 듯이 기뻐했습니다.

나 : 저 오디오의 소리, 네가 낸 거야?

포이 : 너 우리들 사이에서 디게 유명하더라? 그래서 말 한 번 걸어 보고 싶었어.

그 때는 한창 지식 큐레이션 카페에서 무료 이벤트로 사물의 우니히필리를 리딩해주고 있던 때라 그들 사이에서 소문이 난 모양이었습니다. 뭔가 웃기기도 하고, 귀엽기도 한 상황. 포이와 이런 저런 이야기를 나누고, 결국 차에는 아무런 문제가 없다는 걸 알게 되었습니다. 정화도구에 대해서도 물어보고 싶었지만, 목적지에 다 와가서 정화도구는 다음 기회에 묻기로 했지요. 그리고 이 대화가 사실이라는 걸 확신하기 위해 포이에게 한 가지 약속을 했습니다.

나 : 그럼 집으로 돌아갈 때는 오디오에서 퍽퍽 소리 안 나게 해줘

포이는 흔쾌히 알았다고 했고, 저는 반신반의하며 탑을 먹고 다시 차로 돌아왔습니다. 그리고 집에 가는 길에 차 오디오에서 나오는 음악을 집중해서 들었습니다. 정말 신기하게도, 차 오디오에서 들리던 소리는 집에 도착할 때까지 한 번도 들리지 않았습니다.

자동차와 사고

지식 큐레이션 카페에서 이벤트를 하던 중이었습니다. 어느 회원 분이 자신의 자동차를 저에게 의뢰했고, 그래서 그 자동차의 우니히필리를 만나려고 시도를 했습니다. 하지만 이상하게도 여러 번

불발이 되었고, 만나서는 가장 힘겨운 리딩이었지만, 이제껏 만났던 우니히필리들 중에 가장 많은 것을 배울 수 있던 특이하고도 특별한 시간이었습니다.

그 자동차가 리딩이 쉽지 않았던 이유는, 차에 꼬였던 액살 때문이었는데 자동차의 문제가 아니라 우니히필리 자체가 액살을 잘 끌어들이는 체질(?)이었던 걸로 기억합니다. 그렇게 액살이 낀 우니히필리가 깃든 사물은 자주 사고가 나거나 문제가 일어나는데, 해당 회원님의 차도 몇 번 날 뻔한 적이 있다고 후기로 알려주셨습니다. 그래서 그 우니히필리로부터, 사물 우니히필리를 액살에서 보호하는 방법을 배웠고, 그 방법이 워낙 간단하고도 신기해서 기억에 남았습니다.

그런데 제가 그 일화를 특히 기억하는 것은, 그 자동차의 우니히필리가 일어난 상황과 우리 자동차에게 일어났던 상황이 비슷했기 때문입니다. 그 회원 분의 자동차를 리딩할 때 즈음, 저의 집엔 작고 큰 일들이 끊임없이 일어났었습니다. 특히 저희 아버지는 워낙 반사신경이 좋으셔서 제가 기억하는 30여 년간 사고는 한 건이 일어날까 말까 할 정도로 운전을 잘 하시는데도, 그 시기에 자잘한 차 사고가 여러 번 일어났습니다. 그것도 첫 사고가 일어난 지 석 달이 지나기도 전에요. 그나마 매일매일 정화하고 차의 우니히필리인 포이에게 "가족들이 사고가 나도 다치지 않게 도와줘"라고 부탁한 덕에 아무도 다치지 않아서 망정이지, 하마터면 후유증이 일어날 만한 사고도 있었습니다.

우연이라구요? 제가 이 사고들이 특이하다고 느끼는 이유는 따로 있었습니다. 아버지께선 예전에 보험에 대해 공부하신 적이 있어 이런 류의 사고에 대처가 능하신 편인데도, 그 사고들이 일어날 때마다 뭐에 홀린 듯 쉽게 대처하지 못 하신 겁니다.

집에 돌아오셔서도 아버지께서 마치 뭐에 홀린 듯, 정황을 살필 수가 없었다고 하시면서 너무 억울해하셨죠. 더 중요한 건 이 사고들이 아버지의 실수로 일어난 사고가 아닌데도 말입니다. 블랙박스도 있고, 현장엔 CCTV까지 있었는 데다, 어느 누가 봐도 아버지에게 유리한 상황이 자꾸 뭐가 씌인 듯 쉽게 풀리지 않았습니다. 그뿐만 아니라 정비를 맡긴 곳은 워낙 엉망으로 처리해버려서 차 꼴이 말이 아니었습니다. 이래저래 스트레스가 쌓이는 상황이었죠.

하지만 그 때까지는 저도 여러 일 때문에 지친 상태라 자동차 우니히필리를 살필 시간이 없어 정화만 하고 그냥 넘겨버렸습니다. 그러던 차, 제가 자동차를 리딩하지 않고 배길 수 없는 일이 생겼습니다. 그 사고가 일어난 지, 1~2주가 돼가던 때였는데, 가족에게 큰 일이 생겨 가게 문도 잠시 닫고 부산에 내려가게 된 날이었습니다.

도중에 휴게소에 들리게 되었는데, 차가 워낙 빽빽하게 주차되어 있어, 문을 쉽게 열 수가 없는 상황이었습니다. 그래서 차문이 옆 차에 최대한 닿지 않게 열고 내리는 도중, 갑자기 뭔가 친 듯이 차 문이 튕겨져 열렸습니다. 저는 몸에 스친 적 밖에 없어 워낙 어이가 없었고 무척이나 당황스러웠습니다. 제 몸에 닿아서 크게 열렸다면, 제 몸에 문이 부딪혔어야 하는데, 그런 일 없이 갑자기 문만 튕겨 옆 차에 부딪혔으니까요.

다행히 맘씨 좋은 차주께서, 좋게 넘어가주셔서 문제는 되지 않았습니다. 하지만 워낙 사고가 자주 일어나는데다 방금 전 그런 일까지 벌어지니 엄청나게 찝찝한 기분이 들었지요. 결국 아는 분께서 레이키로 정화해주신 뒤에, 포이를 만나러 갔습니다.

그런데 포이는 전에 제가 만난 그 모습이 아닌, 뭔가 더럽고 어두운 것에 뒤덮인 채로 제게 나타났습니다. 그 모습을 보니 그 회원 분의 자동차가 자연스레 저는 포이의 몸의 액살을 정화하고 나서 물었습니다.

나 : 언제부터 그랬어?

포이 : 몰라, 언젠가부터 갑자기 몰려왔어.

나 : 그럼 첫 번째 사고가 날 때도 그 상태였어?

포이 : 응. 갑자기 많이 몰려왔었어. 그래도 최대한 안 다치게 했다.

아마도 사고가 났을 때의 아버지를 안 다치게 한 것을 이야기한 것 같았습니다. 정말로, 그 여러 번의 사고에도 아버지는 별다른 후유증이 없으셨거든요. 전 포이가 너무 고마워서 꼭 껴안아 준 다음 이야기를 했습니다.

나 : 저번에 다른 우니히필리에게서 액살을 막아주는 결계를 배워 왔는데, 해 볼래?

포이는 승낙을 했고, 저는 포이와 조율을 한 다음에 결계를 쳤습니다. 그리고 액살과 아카 코드를 정화할 수 있는 도구에 대해 이야기를 나눴습니다. 포이의 정화도구는 향기. 방향제를 뿌려 차 안의 공기를 향기로 바꾸면, 정화를 할 수 있다고 했습니다. 당장은 도구가 없어, 향기가 나는 꽃들을 줬더니 포이는 그것을 흔들며 좋아했습니다. 그리고 그 이후. 사고는 잘 마무리 됐고, 다른 사고는커녕 꼴이 엉망이었던 차체도 다시 다른 정비소를 가서 제대로 마무리 되었습니다.

마무리

가끔씩 물어보는 사람들이 있습니다. 사물 우니히팔리들은 모든 물건에 깃들어 있냐고요. 다른 리더분들의 생각은 모르겠지만,

제가 본 물건 몇몇은 사물 우니히필리들이 없었습니다. 예를 들면, 제 폰에는 우니히필리가 있지만, 저와 똑 같은 폰인 아버지의 폰에는 우니히필리가 없는 것처럼, 같은 제품이더라도 우니히필리의 유무는 각기 달랐습니다.

이제껏 리딩해서 본 바 그 중 한 가지 요소는, 그 물건을 어떤 마인드로 대하는지에 따라 우니히필리가 깃드는지 아닌지의 여부가 갈리는 것 같았습니다. 물론, 저 기준이 100퍼센트는 아니지만요. 아무튼 이렇게 깃든 사물의 우니히필리는 가끔씩 주인이나 이야기를 나눌 수 있는 사람에게 말을 겁니다.

우리 집 자동차 포이처럼 호기심에 말을 거는 경우도 있고, 때로는 너무 많이 쌓인 아카 코드때문에 도움을 요청하는 경우도 있었습니다. 보통 제 물건이 아닌 타인의 물건인 경우는, 후자가 대부분이었습니다.(제 물건들은 보통 나중에 들어와서 호기심에 말을 거는 타입이 대부분입니다.) 누군가에게 선물을 받았지만, 후에 그 선물을 준 사람과 안 좋은 인연으로 틀어져서 그 사물을 볼 때마다 안 좋은 감정과 기억이 떠오른다든가, 반대로 좋은 추억이 너무 많아서 자리만 차지하는데도 버릴 수 없다든가, 그런 것들이 쌓이고 쌓여서 정화를 부탁하는 경우도 있었습니다.

일례로, 아는 지인의 가게에 가서, 작업 중인 지인을 기다리는데 그 지인을 만나러 온 분의 핸드폰이 무음으로 해놨는데도, 갑자기 소리가 켜지는 등의 오작동을 일으켰습니다. 그 분은 무척 당황하셨고 다시 무음인 것을 확인한 후, 그 폰을 사용하는데 또다시 소리가 켜지는 오작동이 일어났습니다. 그러기를 세 차례, 이상함을 느낀 저는 그 폰에 우니히필리가 있음을 확인한 후, 우니히필리와 함께 그 폰의 우니히필리를 만나러 갔습니다.

그 폰은 그 주인분과의 아카코드는 물론, 다른 이유 탓에 무척이나 지쳐있었습니다. 그래서 제게 그 정화를 부탁하려, 오작동을 일으키며 말을 걸었던 것이었죠. 그 폰의 우니히필리를 정화해주고, 그 후에 그 주인 분께 정화도구와 폰의 우니히필리가 원하던 관리법에 대해 알려드렸습니다. 이렇게까지 저에게 사물 우니히필리가 적극적으로 도움을 요청한 것은 처음이었기에, 아직까지도 기억에 남아있습니다.

어쩌면, 그 폰과 같이 주인에게 도움을 요청하는 사물과 집의 우니히필리들이 있을 지도 모릅니다. 주인과의 여러 가지 아카코드에 휩싸여 스스로 어쩔 줄을 모르고, 주인이 정화해주기를 혹은 정화를 할 수 있는 도움을 받기를 기다리고 있겠지요.

나 돌보기도 힘든데 사물이나 집의 우니히필리를 돌보고 나서 얻는 점이 무엇이냐구요? 어쩌면, 그들과 얽힌 감정과 인연을 정화하고 나서 얻는 것은 그 우니히필리가 아닌 여러분일지도 모릅니다. 그 사물, 혹은 집과의 얽매임이 아닌, 그들로부터의 자유를 말이죠.

어떤가요? 여러 분 주변에 있는 우니히필리와 여러분은 안녕하신가요?

늘 함께하는 친구, 우니히필리_하나비

연락처 : 010-5662-0390

블로그 : http://blog.naver.com/hanabi0390

나의 우니히필리 리딩 / 나의 우니히필리!

 나의 우니히필리는 쌍둥이 토끼 두 마리!! 쌍둥이가 대개 다른 성격을 가지고 있듯이 나의 우니히필리 역시 서로 다른 성향을 지니고 있다. 하나는 정체성 자체가 뷰티이다. 이 아이는 아름다움을 추구하고 표현하는 게 사명인 듯 보인다. 반면에 다른 하나는 너무나 소심하여 항상 오그라들어있다. 소심한 우니히필리는 정체성 자체가 소심 그대로이다.

처음에 우니히필리 리딩을 했을 땐 기둥 뒤에서 토끼 두 마리가 나타나서 '이 아이들이 나의 우니히필리인가?' 생각을 하는 데 나는 아랑곳없이 둘이 서로 장난치고 놀기에 바빴다. 마치 놀이터에서 신나게 노는 아이들처럼.

아이들은 신나게 놀 때면 어른이 옆에 지키고 있더라도 놀이에 푹 빠져서 어른의 존재를 잊어버린다. 다만 한 번씩 어른의 존재를 곁 눈짓으로만 슬쩍 확인 할 뿐이다.

나의 우니히필리들 이름은 「질라」와 「노르」라고 하였다. 이렇게 「질라」와 「노르」를 보니 나의 성향을 그대로 가져다 놓은 듯 했다.

나는 40대의 싱글이기는 하지만 여전히 최신가요를 듣는 게 좋고 요즘 유행하는 것에 관심이 많다. 그리고 최근 들어서는 화장법에 대해서도 관심이 많아졌는데 새로운 제품들을 사용해 보는 게 재미있다. 아이섀도의 경우에는 계절이 바뀔 때마다 유행하는 색깔들이 완전히 바뀌니 화장품이란 여자들에게 계절의 변화를 가장 빨리 그리고 잘 느낄 수 있도록 해 주는 아이템 중 하나일지도 모르겠다. 실제 나의 성향도 예쁜 것들을 좋아하고 세련미가 있는 것을 좋아한다.

반면 나는 소심한 면도 많아서 사람들에게 어떻게 해야 깊이 다가갈 수 있는지를 모른다. 그냥 지금껏 살아오는 동안 사람들과 사이좋은 관계로 지내는 방법을 익혔을 뿐이다. 해서 사람들과의 관계에서도 늘 소심하다. 나 자신의 의견을 내세우기 보다는 상대방의 의견에 많이 맞추어주는 편이다.

또한, 내 인생의 프로젝트를 진행할 때 과감하게 치고 나가야 하는데 움츠러들고 긴장하여 평상시보다 행동력이 극히 줄어들기도 한다. 평상시에는 큰소리 뻥뻥 잘 치다가 막상 행동에 옮길 상황이 오면 나도 모르게 오그라드는 모습이 '소심' 그대로이다.

나의 우니히필리들, 특히 「질라」는 원래부터 좋아하는 게 확실한데, 「노르」는 왠지 도와주고 싶은 마음이 생겨서 어느 날 나는 힘내라고 레이키를 살짝 주었다. 그랬더니 「노르」의 팔뚝에 남자들의 전유물인 알통이 작게 '톡' 올라오는 것이다. 「노르」의 모습은 그대로이면서 알통만 튀어나오니 약간 우습기도 했다. 아마 레이키를 받아들이는 것도 소심함 그대로 받아들이는 것인지는 모르겠다.

이렇게 서로 성향은 다르지만 애니메이션 「인 사이드 아웃」에 나오는 「기쁨」이와 「슬픔」이처럼 나의 우니히필리들은 서로의 보완점들을 챙겨주기도 하며 서로 엉켜서 재미있게 놀기도 하고 사이가 좋다.

며칠 뒤 나의 우니히필리들을 다시 리딩하였더니 「질라」는 곁에 엘사가 입은 것 같은 망토를 걸쳤고 「노르」는 갑옷 같은 것을 입고 있는 게 보였다. 하나씩 아이템들이 추가된 것이다. 나의 우니히필리들이 변하고 있는 게 느껴졌다.

다음 날, 우니히필리들에게 정화도구가 무엇인지 묻자 빨간 꽃이 피는 식물이라고 하였다. 지금 현재 살고 있는 나의 집에는 '체리세이지'가 활짝 피어있다. 얼마나 활짝 피었는지 나도 볼 때마다 놀랄 정도이다. 그리고 '체리세이지'를 보며 명상을 하기도 하는 데 나의 정화도구도 된다니 우연의 일치인 가 싶지만 신기하기도 하다.

타인의 우니히필리 리딩 / 후배 리딩 1

어느 날 나는 아는 후배 우니히필리를 리딩하였다. 후배가 시험을 앞두고 있는 상황에서 리딩을 해 보았더니 하얀 백조의 날개가 힘없이 축 쳐져 있고 몸을 웅크리고 있는 것이 보였다. 그리고 특이한 건 백조의 목이 부어있었다. 실제 이 후배는 목 부위가 약해서 편두선이 자주 붓는 편이다.

우니히필리의 이름을 물어보니 「샤슬란」이라고 했다.

나는 「샤슬란」에게 물었다.

나 : 힘내! 샤슬란!! 너에게 뭔가 정화도구라든지 필요한 게 있니?

샤슬란 : 수저가 필요해요!

'왜 수저가 필요하지?' 라고 생각했지만 이유가 있겠지. 나는 곧 목걸이 펜던트로 「미니 황금수저」를 준비해서 「샤슬란」의 목에 걸어주었다. 그랬더니 목걸이를 걸고 좋아서 하늘을 날아오르는데 마치 스웨덴 동화 「닐스의 신기한 모험」에 나오는 거위(난쟁이가 된 '닐스'가 여행하는 동안 타고 다니는 거위)를 닮았다고 느꼈다.

나중에 후배의 시험결과가 궁금하여 나는 그 후배의 우니히필리에게 질문해보았다.

나 : 그래 시험은 어땠니? 힘들지는 않았니?

후배의 우니히필리 : 응 힘들었지만 나쁘지는 않았어요.

라고 대답해주었다. 실제 이 후배에게 물어보니 시험을 볼 때 면접관이 엄청 많아서 긴장을 많이 하였고 시험 보는 시간이 길어져서 더 많이 떨었었다는 얘기를 들었다. 시험의 결과를 떠나서 후배의 우니히필리는 약간의 힘을 얻은 듯 했다. 그리고 멋지게 하늘을 날아오르는 모습이 보기에 좋았다.

나중에 들은 이야기이지만 시험은 합격했다고 한다. 이 후 목이 부어있는 게 걸려서 「샤슬란」에게 다시 물었다.

나 : 샤슬란! 너의 목이 부어있는 게 걸려서 그러는데. 목이 부어있는 걸 정화할 수 있게 좀 도와줄 수 있겠니?

샤슬란 : 응 그래요! 얘기하세요.

나 : 그럼 말이야! 목이 부은 원인과 관련되는 장면을 내게 보여줄 수 있니?

그러자 내겐 한 장면이 떠올랐다. 장면 속에서 한 작은 소녀가 사람들이 빽빽이 들어차 있어서 더 움직일 수도 없는 공간에 있었다. 하지만 그 소녀는 힘이 없어 사람들에게 이리저리 치이고 있었다. 그 곳에 함께 있는 어른들은 그 누구도 이 작은 소녀의 존재를 모르는 듯 보였다. 아니 오히려 본인들의 이익을 위해 앞서거니 뒤서거니 하며 소녀의 존재에는 관심이 없는 듯 보였고 그곳은 아주 혼란스러운 그런 장면이었다. 그 곳에서 그 작은 소녀는 그 공간을 벗어나고 싶어했고 괴로워하였다.

나는 '샤슬란'에게 물었다.

나 : 샤슬란! 이 상황에 맞는 정화도구가 있을까?

샤슬란 : 그건 하얀 손수건이에요.

난 하얀 손수건에 수를 놓아 '샤슬란'의 목에 걸어주었다. 그랬더니 '샤슬란'은 대답한다.

샤슬란 : 고마워요! 이제 목이 훨씬 편해졌어요!

나 : 응 나도 네가 정화를 할 수 있게 도와주어서 고마워!

타인의 우니히필리 리딩 / 후배 리딩 2

내 주변에 시험 준비를 수 년 동안 해 온 후배가 있다. 그 후배는 성향 자체가 씩씩하다. 또한, 본인의 성향도 귀엽지만 실제 귀여운 것들을 좋아하며 고양이를 좋아한다. 그리고 정의감도 남달라서 인연이 된 길고양이를 데려다가 키운 적도 몇 번 있었다. 나는 그 후배의 우니히필리를 리딩하였다. 후배의 우니히필리는 빛나는 하얀 유니콘이었다. 나는 반갑게 인사하였다.

나 : 반가워~ 너의 이름이 뭐니?

후배의 우니히필리 : 응 나도 반가워요!~ 내 이름은 스톤바예요

그렇게 이야기를 하고 잠시 「스톤바」를 지켜보니 아주 얇은 막 사이에 껴서 몸이 반만 밖으로 나와 있었다. 나는 가위로 그 막을 살며시 찢어 「스톤바」가 밖으로 나올 수 있도록 도와주었다. 그리고 「스톤바」에게 필요한 것이 있는 지 물어보았다.

「스톤바」는 '빗'이 필요하다 했다. 난 빗을 목걸이펜던트로 만들어 「스톤바」의 목에 걸어주었다. 그리고 언제든 막이 생기면 가위로 자르고 나올 수 있도록 빗의 끝 부분에 미니가위를 함께 걸어주었다. 그랬더니 「스톤바」는 기분이 좋아보였다.

어느 날 나는 그 후배의 우니히필리 리딩을 하던 중 「스톤바」가 자유롭게 날아다니지 않고 그냥 후배의 옆에 가만히 서 있는 것을 보았다. 유니콘은 자유롭게 날아다녀야 한다는 생각이 들어 나는 「스톤바」에게 질문을 하였다.

나 : 스톤바야! 너 왜 자유롭게 날지않니?

스톤바 : 그냥 여기에 이렇게 있어야 할 거 같아서요.

나 : 그럼 너는 자유롭게 날고 싶지 않은 거야?

스톤바 : 그건 아니예요. 다만 여기에 이렇게 있어야 할 거 같아요!

나 : 그럼 내가 정화를 할 수 있게 나를 도와줄 수 있겠니?

그렇게 해서 「스톤바」가 나에게 보여 준 장면은 넓은 방바닥에 태어난 지 얼마 안 되는 아기가 혼자 누워있는 것이었다. 아기는 울지는 않았지만 주위에 아무도 없다는 것을 불안하게 느꼈다. 아기는 넓은 공간에 혼자 있다는 것을 의식하고 있었다.

나는 「스톤바」에게 물었다.

나 : 스톤바야! 이 장면에 필요한 정화도구가 뭘까?

스톤바 : 그건 회전목마를 닮은 모빌이에요. 음악이 흐르면 더 좋겠지만요.

나 : 그래. 알았어!"

나는 재빨리 「스톤바」 주위에 회전목마를 닮은 귀여운 모빌들을 뿌려주었다. 「스톤바」는 아주 즐거워하였고 여기 저기 신나게 다니기 시작하였다. 조만간 나는 펠트로 만든 모빌을 그 후배에게 선물을 해야겠다고 생각하였다. 「스톤바」가 즐기는 것도 괜찮겠지만 후배가 직접 그 모빌을 소지하고 있는 것도 도움이 될 것같다.

공간 우니히필리 리딩! / 어느 카페 리딩!

내가 잘 가는 카페가 있다. 그 카페는 넓은 데다 손님이 많지 않아 조용했다. 특히 내가 좋아하는 자리엔 밖으로 연결된 문이 가까이 있어서 그 문을 열어놓을 때면 밖에서 바람이 살랑 살랑 들어오는데다 날씨가 좋을 때면 파란 하늘이 마주 보여서 좋다.

어느 날 나는 그 카페를 잠시 정화한 뒤에 카페에 있는 우니히필리를 조용히 불러보았다. 그러자 작은 찰리 채플린을 닮은 배가 볼록한 난쟁이 신사가 '뽕'하고 나타났다. 나는 난쟁이 신사에게 반갑게 인사를 하였다.

나 : 안녕하세요. 반가워요

신사 : 응 나도 반가워!

나 : 전 여기가 조용해서 좋은데 신사님은 어떠세요?

신사 : 응 여긴 사람들이 조용조용하게 얘기해서 좋아! 특히 사업하는 사람들이 많이들 와. 이런 저런 얘길 들으면 재미있어

나 : 그렇군요. 신사님은 사업이야기에 관심이 많으신가 봐요?

신사 : 응 여기에 오는 사람들에게 세상 돌아가는 얘기를 들으면 재미있지. 오늘은 너랑 얘기해서 좋군. 자주 놀러오렴

나 : 네 그럴께요. 담에 봐요!

이렇게 인사를 하고 카페 우니히필리 리딩을 마쳤다. 이 카페는 정말 사업하는 사람들이 많이들 오는 건지 가만히 둘러보니 손님들 중에는 아저씨들이 많았고 개인적인 이야기 보다는 업무나 일 진행되는 그런 얘기들이 많이 오가는 듯 했다. 왠지 앞으로 이 가게의 쾌활한 난쟁이 신사를 보러 자주 갈 듯 하다.

어디서나 함께하는 우니히필리_혜심
블로그 : http://agni0613.blog.me/
이메일 : agni0613@naver.com

순두부집 가게 우니히필리 리딩

쇼핑을 나갔다가 저녁을 먹기 위해서 한 순두부집에를 들어갔어요. 처음 들어갔을 땐 사람이 그리 많지가 않아서 여유롭게 주문을 하고서 가게를 한 바퀴 둘러봤는데 가게의 느낌이 꽤 괜찮은 느낌으로 다가왔어요. 주문했던 음식이 나오고 맛있게 먹고 있는데 머릿속으로

"이 가게가 좀 바쁘게 활기차졌으면 좋겠다."라는 생각이 드네요.

이건 내 생각이 아닌 것 같은데 싶어서 간단히 가게의

우니히필리 리딩을 시도해봤어요. 그랬더니 백설공주에 나오는 일곱 난쟁이들 같은 생김새를 한 파란색 모자를 쓴 작은 난쟁이가 뿅~하고 나타나네요. 그러면서 가게가 좀 활발하게 돌아갈 수 있도록 사람들이 많이 들어왔으면 좋겠다고 하길래 그에 필요한 정화도구를 물어보니 「두부」래요.

순두부집 우니히필리 아니랄까봐, 정화도구까지 두부라니… 알았다고 하고선 그 우니히필리에겐 돈 많이 벌어라고 황금색 두부를 주고 마침 저도 먹고 있던 음식이 순두부찌개여서 저도 그 걸 먹으며 같이 정화를 할 수 있었어요.

그 정화의 공효가 바로 나타난 것이었는지, 제가 들어온 뒤에도 손님이 들어왔고 정화후에도 계속 연속으로 손님들이 들어와서 제 뒤로 들어온 팀만 총 9팀이나!! 덕택에 그 우니히필리가 원했듯이 종업원들이 바쁘게 움직이는 모습이 되었었어요. 하는 김에 가게 전체도 레이키로 한번 정화해주고 맛있게 잘 먹었다 인사해주고 나왔어요. 가게의 우니히필리가 신나면 그 가게 자체도 흥하는가 봐요. 조금 도와주고 싶은 가게가 있다면 이런 방법을 써보는 것도 좋을 듯 하네요

서해안 행담 휴게소 우니히필리 리딩

가족 여행으로 태안으로 가던 도중 아침을 먹기 위해 들렀던 휴게소가 행담휴게소였었어요. 비몽사몽 아침밥을 먹으며 문득, 이곳의 우니히필리는 어떻게 생겼을까 라는 생각에 다짜고짜 리딩을 시작해봤습니다. 먼저 제 우니히필리인 젤리를 불러서 이 사안에 대한 정화를 부탁하니 늘 춤이 정화도구인 젤리는 이번에도 브레이크댄스를 열심히 추네요. 행담휴게소의 우니히필리가 있으면 연결시켜달라고 말하자 고슴도치가 한 마리 떠올랐어요.

일반적인 동물모양이 아닌 캐릭터모양의 귀엽게 생긴 주황색 고슴도치였었어요. 귀엽게 생긴 모양과는 다르게 가시를 세워서 아주 날카롭고 예민해져있는 모양이었어요. 인사를 하고 레이키를 보내주자 조금 기운을 차리는 듯 해서 이름을 물어봤어요. 행담휴게소의 우니히필리답게 이름도 「행담」이라고 하네요.

필요한 정화도구가 있냐고 물어보니 시원한 물 한잔을 달라고 해서 그걸 주니 벌컥벌컥 들이키는 게 보여요. 더운 여름이라 많이 목말랐었는가 봐요. 그래서 행담이가 있는 곳을 살펴보니 아주 넓고 이쁜 초록색의 들판인데 그 곳이 여기저기 쓰레기로 지저분해져있는 게 보여서 깨끗하게 치워주고 나니 그제서야 행담이가

힘없는 목소리로 말을 했어요

행담 : 사람들이 나를 너무 함부로 대해서 그게 싫었어

아무래도 휴게소이다 보니 여러 사람들이 버리고 간 쓰레기들 때문에 힘들었었나 봐요. 그래도 네가 있어서 사람들이 잘 쉬고 맛있는 거 먹고 갈 수 있어서 늘 고마웠다고 인사하고 다음에 또 들리면 그 때도 정화해준다고 약속을 하고 휴게소를 나왔어요. 행담이가 씩씩하게 잘 지냈으면 좋겠네요. 힘내라~!

지구 우니히필리 리딩

실험정신 강한 오늘 저의 리딩 주제는 바로 「지구」였습니다. 네. 지금 우리들이 살고 있는 바로 그 지구요. 지구를 떠올리면서 제 우니히필리에게 리딩하기 전 지구에 관련된 사안을 정화해달라고 하니 커다란 짐보따리 같은 것을 들고와서 계속 해서 아마쿠아에게 정화할 것들을 결재를 올리듯이 보내는 게 보이네요. 아무래도 계속 지구에 살고 있는 생명체로써 그에 관련된 정화거리가 많았었나 봅니다.

우니히필리에게는 정화를 시켜놓으면서 지구의 우니히필리와 연결해달라고 부탁했어요. 처음에는 감자모양의 동그란 모양이 보이더니 레이키를 연결하자 커다란 솜뭉치로, 그러다 그것들이 부서지며 고운 모래로 흩어지다가 이내 아주 작은 동그란 모양의 진주가 하나 보였어요. 이름이 뭐냐고 물어도 대답해주지 않았어요. 일단 내 소개를 먼저 하고 지금 뭐 하고 있냐고 물어보니 한참만에 돌아온 대답은

지구 : 가야해…

어디를 가냐고 물어보니 가야할 곳이라고 했어요. 그러면서 나에게 너는 몰라도 된다고 하네요. 그러고 보면 수십억년을 살아온 지구에게 있어 나의 존재는 그저 하루살이같겠지요. 그치만 하루살이가 내게 말을 걸어온다면 나는 무척 놀랄 것 같기도 해요.

다행히 지구는 놀란 감정이라기보다 그냥 입을 꾹 다물고 아무 말도 하지 않은 채 그저 가만히 있기만 했어요. 이것저것 다른 걸 물어봐도 묵묵부답. 지구에 태어나서 여러가지 혜택들을 많이 받고 있다고 고맙다는 인사를 전하자 그냥 고개만 끄덕끄덕 이구요.

혹시 필요한 정화사안이 있으면 정화를 해줘도 되냐고 물어보니 자신은 정화가 필요없다고 그래요. 그냥 갈 길만 가면 된다고…. 역시 지구답게 자기 할 일을 묵묵히 잘 하니 메이는 것도 없구나

싶은 생각에 조금 본받고 싶은 마음이 들기도 했어요. 그래서 내가 가진 관련 정화들만 우니히필리에게 해달라고 한 뒤 잘 있으라고 하고선 리딩을 마쳤어요.

우니히필리와 함께 한 전생리딩

가끔은 제 우니히필리를 불러서 전생여행을 같이 떠나기도 합니다. 이번에도 정화할 사안에 대한 전생리딩을 해보았습니다.

내 이름은 히후미. 이름과 배경이 옛 일본으로 느껴졌다. 나름 이름있는 귀족가에 태어나서 평범한 유년시절을 보내고 평범하게 부모님이 짝지어준 사람과 결혼생활을 시작하는 게 보였다.

남편과의 결혼생활은 나쁘지는 않았지만 늘 무뚝뚝하고 표현하지 않는 남편을 볼때마다 나는 외로웠던 것 같다. 아이가 생기지 않아서 양자를 데려와서 키웠지만 그게 내 마음의 외로움을 채워주진 못했고 그러다가 우연히 한 남자를 만나게 되었다.

그릇이나 도자기 같은 것을 만들어 파는 장인이었는데 나보다 신분이 낮아서 내가 뭘 물어봐도 제대로 대답도 못하고 그저 고개만 조아릴 뿐 그런데 나는 왜 그런지 그런 그 사람이 마음에 들었다. 그래서 괜히 필요도 없는 그릇이나 도자기를 사러 종종 그의 가게에 들리곤 했고 그가 투박하고 때 묻은 손으로 물건 만드는 모습을 물끄러미 지켜보곤 했다.

내가 지켜보는 걸 그 사람은 알고 있으면서도 서로의 신분차이 때문에 뒤돌아 인사조차 못하고 그저 물건 만들기에만 열중하는 척만 할 수 밖에 없었다. 그러다 그 사람에게 선물로 자그마한 장식품 같은 걸 받게 되었다. 겉으로는 그냥 물건을 많이 사는 사람에게 주는 사은품 같은거라 했지만, 나는 그게 그 사람의 마음을 알아차린 듯 해서 참 기뻤었다.

하지만 마을에 열병이 돌아서 마을 사람들이 전염으로 인해 하나 둘 죽어갔고 시신을 처리하면 그 전염병에 걸려서 죽을까봐 시신 수습도 하지 못해 마을에는 시신이 쌓여갔으며 나 또한 그 열병에 걸려서 죽고 난 뒤에 그 남자가 그제서야 나를 찾아왔다.

이미 싸늘하게 식어버린 히후미의 시신앞에 가서야 비로소 나를 안아줄 수 있었다. 살아생전에 안아보지도 손잡아보지도 가질 수도 바라볼수도, 바라봐서도 안되는 그런 사람 그 사람이 이 세상 사람이 아니게 되고 나서야, 가족들에게, 사람들에게 버려지고 나서야 그제서야 겨우 안을 수 있게 된 사람.

그는 히후미의 시신을 꼭 안고, 그동안 내 생각을 하며 만들어놓은 작은 장식품들이 가득한 나무상자를 열어 그 장식품들을 모두 꺼내어 두고 히후미 옆에 누워서 싸늘하게 식은 그녀의 입술에 입을 맞추고 꼭 안고 같이 죽음을 택했던 그. 그런 그와 히후미의 사연을 다 지켜본 후 나는 내 우니히필리와 함께 그들의 삶에 대해 같이 정화를 해주고 영혼이 가야할 길로 잘 이끌어주었다.

지하철에서 낯선이의 우니히필리 리딩

지하철을 타려고 기다리면서 한 남자가 내 눈에 띄였다. 눈에 띈 것 치고는 별다른 특징없이 평범한 반바지+티셔츠+남방의 조합을 하고 등에는 백팩을 매고 손에는 핸드폰과 지갑을 들고 있었다. 지하철이 올 시간은 멀었는데 뭔가 초조한지 계속 그 주변을 서성이고 있었고 지갑을 손에 든 걸로 보아 교통카드가 지갑 안에 있을 것 같고,

그리고 그 지갑을 가방이나 주머니에 넣지 않고 계속 그냥 들고만 있길래 행선지가 멀리 있는 것 같지는 않아 보였다. 자꾸 서성이다 편의점으로 들어 가길래 콜라나 사이다 같은 탄산을 살거라

생각했는데 예상외로 그냥 나온걸 보니 지금 다이어트라도 하고 있는 게 아닐까 싶었다. 관찰만 하다 지하철이 도착해서 다 같이 탄 후 자리에 앉아서 가만히 그 사람의 우니히필리를 불러봤다.

이름은 찬이. 불꽃머리를 한 어린아이 모습의 2D캐릭터 같은 모습인데 뭔가 아주 바쁘고 분주해보였다. 왜 그렇게 바쁘냐고 했더니 이렇게 하지 않으면 경쟁에서 밀린다고 그랬다. 친구들과의 경쟁에서 이기려면 뭔가를 빠르게 해야한다고. 조급해 하는 그 아이를 달래주면서 그 마음을 같이 정화해보자고 했다.

그건 어떻게 하는거냐고 물어보는 아이에게 내가 알려줄테니 차근차근 해보자고 했다. 조급함에 대한 기억을 찾아보자고 했더니 아이의 조그마한 손에 모래가 쌓이는 게 보인다. 그 모래를 전부 아마쿠아님께 보내고 나서 정화가 다 끝났음을 알려줬다. 이제 하는 방법을 알려줬으니까, 다음에는 혼자서도 할 수 있을거라고.

우하네의 기분이 좋을때, 정화할 수 있는 무언가를 봤을때 이제는 혼자서 해야한다고 했더니 혼자서는 싫다고 한참을 내 품에 안겨서 가기 싫어했다. 잘 할 수 있을거라고 토닥여서 보내고 나서 그 사람을 살펴보자 아까와는 달리 핸드폰을 보면서 미소짓고 있는 게 보였다.

그게 핸드폰의 내용때문인지 나와 같이 정화한 뒤의 공효인지 나는 모른다. 그래도 아마 어떤 인연으로 그 사람과의 우니히필리를 만났고 정화하는 법을 알려줬으니 그것 만으로도 나는 만족한다. 앞으로 살아가는 데 조금은 도움이 되기를 하는 마음은 내 욕심이겠지

자동차 우니히필리 리딩

명절을 마치고 집으로 돌아오는 길에, 밤길 운전이라 집까지 안전하게 도착하기를 기원하는 마음에 타고 있는 자동차의 우니히필리 리딩을 해보았다.

처음에는 흐느적거리는 젤리 모양으로 모습을 잘 모여주지 않길래 정화가 필요한가 싶어서 레이키를 보내주며 조금 기다려 보니 어느 순간 대파가 보였다. 내가 잘 못 본건가 싶어서 몇 번을 확인해봤지만 대파가 맞았다.

자동차의 우니히필리가 대파라니.. 신기한 마음에 이름을 물어보니 「씨드」라고 말한다. 자동차가 달리는 도중에 리딩한 거라 그런지, 그 대파는 뿌리를 열심히 뱅뱅 돌리며 뛰어가고 있는 그런 모습

이었다. 일하는 데에 방해가 되지 않게 조심스레 필요한 정화도구를 물었더니 적외선 램프같이 따뜻한 빛이 나오는 빨간색 등을 보여주었다. 씨드는 구운 대파가 되고 싶었던 걸까.. 아무튼 자동차가 달리는 위에 빨간 등이 따라다니는 모습을 상상으로 보여주고 씨드가 가진 능력에 대해 살짝 물어보자 자신이 제일 잘 할 수 있는 것은 달리기라고 했다. 그래서 최대한 목적지에 빨리 도착하게 하는 것이 자신의 능력이라고 하길래 빨리 달리는 것도 좋지만 사고는 조심하라고 안전하게 다니자고 이야기 하니 어느정도 수긍하는 듯 보였다.

많은 우니히필리들을 봤지만 대파모양은 처음이어서 재미있고 웃음이 났던 그런 리딩이 아니었나 싶다.

씨드 앞으로도 잘 부탁한다.

우니히필리와 함께 하는 삶의 마법_혜연

이메일 : iamreiko@naver.com

　호오포노포노. 한국에서는 시크릿 류의 자기계발기법으로 굉장히 유명하지요. 요가나 명상등을 공부하며 그쪽으로도 관심이 많았던 저는, 호오포노포노 서적을 몇 권 들춰보며 책에서 얘기하는 사미용감이라는 정화법을 몇 번 수행해보고 크게 와닿는 것이 없었어요. 얼마 후 우니히필리 라는 책이 나왔지만 그냥 그런건가~ 하고 읽지도 않았지요. 호오포노포노에 대한 관심은 거의 없어진 상태였어요.

　그러던 어느날. 레이키로 이런저런 검색을 하던 도중 카후나 파크 라는 카페에 가입을 하게 됩니다. 무료 레이키 어튠먼트가 있었거든요. 거기서 우니히필리에 대한 존재를 다시금 재정비하게 되며, 우니히필리를 만나는 여정이 시작되었어요.

저의 우니히필리 이름은 「베이브」에요. 두달여된 신생아 크기 만한 핑크빛의 작은 새끼 돼지입니다. 평소에 뭐하나 들여다보면 꽃이 드문드문 핀 벌판에서 뒹굴면서 햇빛을 쪼이고있고, 불안한 일이 생기거나 할때는 웅크려서 덜덜 떨고있곤해요. 베이브와는 2015년 9월 1일에 첫 만남을 가지게 되었어요.

그 전에 저는 연월 이라고 이름 붙여준 작은 달빛요정의 우니히필리가 있었어요. 연월이는 2014년 어느 봄날에 처음 만났었는데. 이 아이도 참 우연히 만나게 되었었어요. 처음 만났을때 연월이는 다 찢어진 날개로 꼬쬐죄한 모습을하고 제 눈앞에 나타나 그동안 제가 우니히필리를 잘 못돌봤나싶어 미안해했어요.

연월이는 애니메이션 「켈스의 비밀」에 나오는 숲의 요정 아이슬링을 닮았어요. 나중에 연월이는 꼭 그 애니메이션에 나오는 아이슬링의 친구 핑거반처럼 하얀여우 친구가 생기기도 했었어요. 그 여우 친구는 저와의 싱크로율이 굉장히 높았던 원석에서 옮겨온 아이였어요.

그런데 우니히필리를 만난 그 순간부터 저는 3일동안 엄청난 환청에 시달렸었어요. 정말 그런 환청은 난생 처음이었어요. 3일내내

지속되었는데, 길을 걷다가도, 물건을 사다가도, 요리를 하다가도.정신을 똑바로 차리지 않으면 금새 그 환청에 정신이 팔려 편의점에서 물건을 사다 계산대앞에 멍하니 있기도 하고, 횡단보도에서 멍하니 서있기도 하고 그랬어요. 환청의 내용은 대부분, 넌 이제 엄청난 능력이 생겼어, 이렇게 하면 넌 이제 유명해질 수 있어 등이었는데 어떤 초능력이나 영시 등에 로망을 갖고있던 저의 욕망이었던 것 같기도 해요.

그리고 또, 그 3일밤 동안은 자기전에 이상한 괴물들이 보이곤 했는데 그때마다 날 더 이상 괴롭히지 말고 가버려!! 소리지르면 네가 불렀잖아!!! 우습긴. 하며 사라지곤 했어요. 물론 끈질기게 안가는 괴물들도 있었는데 그 괴물들은 정말 만지기도 보기도 소름끼쳤지만 마음을 다해 레이키를 주면 그때서야 없어지곤 했답니다. 그렇게 3일이 지난 후에는 환청도, 괴물들도 차츰 없어지고, 전 굉장히 가벼워진 기분에, 저도 저의 우니히필리를 만났다는 기쁜 마음에 활동하던 지식 큐레이션 온라인 카페에서 타로를 봐주고, 정화를 하는 등의 활동을 하곤했어요. 뭔가 굉장히 술술 잘풀리는 기분이었지요.

그러던 어느날 6월경이었던가? 연월이의 모습이 더 이상 보이지 않게 되었어요. 더불어서 타로를 리딩하는 것도 뭔지모르게 굉장히 힘들어졌고, 갑자기 연이어 안좋은 일들이 터졌었답니다. 살고있던 집에서 집주인이 나가라는 둥, 시아버지의 암선 고, 알고 지내던 오빠가 자살했다는 비보. 3일 걸러 한번씩 몸살도 심하게 앓고, 몸살을 앓으니 일도 못가고, 신경이 예민해져 남편과의 말다툼도 굉장히 빈번했어요. 그러던 어느날 남편과 무슨일로 굉장히 다투고, 갑자기 우울감과 함께 자꾸만 자살하고 싶다는 생각이 떠오르고, 안좋은 일들에 대한 격한 감정들이 올라와 저의 레이키 선생님께 연락을 드려 상담을 했어요. 그리고 그때부터 글마다 시간을 정해놓고, 108배와 레이키 수행을 하고 선생님께 연락드려 그날 그날 수행의 결과를 얘기하곤 했어요. 삼일 정도 진행하자 일단 3일걸러 걸리던 심한 몸살이 없어졌고, 정신이 맑아지며 정신이 맑아지니 남편과의 싸움도 줄어들었지요. 몸이 나아지니 일도 다시 시작했어요.

그렇게 나날이 108배와 레이키 정화를 하던 나날중. 저는 제가 갖고있던, 펜듈럼과 마사지 완드 등이 들어있는 원석 가방을 잃어버렸고, 또한 지인께 선물받은 늘 하고다니던 자수정 목걸이도 끊어져, 깨진채로 발견되었어요. 개광점안(물건의 본래성을 깨우는 의식)을 하거나 한것들은 아니었지만 아무튼 제가 이것저것 공부한 오컬트 지식에 의하면 원석들이 그렇게 없어지거나 깨지는건 커다란 액운을 막아주는 것이라고 봤기 때문에 사라진건 속상하지만 그렇게 생각하며 가버린 원석들에게 고마움을 표현하고 문득 떠오를때마다 레이키를 주었어요.

그러한 정화 덕분이었을까요? 이전에 살던 집주인과 좋게 끝나진 않았지만 아무튼 더 좋은 집으로 이사도 하게 되었고, 참 신기하게 시아버지의 암도 네달만에 완치가 되었어요.(이건 정말 모두들 놀랬죠. 혈액암 말기였는데. 네달만에 완치판정이라니.)

또 둘째 아이를 임신하게 되고. 여차저차한 사정으로 가게 인테리어와 운영방식을 조금 바꾸면서 매출도 훨씬 나아지며 자리를 잡아가는 등. 여러 가지로 생활이 나아지고 있었어요. 생활이 나아지며 듣고싶었던 몇가지 강의도 들으러 다니며 그것을 블로그 상담에 이용하며 정화도구를 만들어 판매도 하며. 출산준비도 하고 즐거운 나날이었어요. 그러다가 어느날, 활동하던 커뮤니티에서 저의 레이키 선생님께서 인연을 만들어주셔서 「행림옥수」라 불리우는 치유손을 만들어주는 세션을 받을 수 있게 되었습니다.

기쁜 마음에 백일도 안된 애기를 데리고 서울로 올라갔어요. 행림옥수를 받는 날, 선생님을 뵙고 세션을 받을 준비를 하는데, 선생님께서 손을 잡는 순간 몸이 나른해지며 이완이 되면서 몸의 여기저기서 움직임이 나왔어요. 저는 이전에 두개천골요법(CST)을 받을때도 이런 증상이 있었는데 빙의증상이라고 알고 있었고, 몇 번의 경험이 있어서 많이 놀라지는 않았었습니다.

역시나 빙의령이었고, 나 스스로가 쓸모없는 잉여인간이라고 여기는 그러한 영이었어요. 선생님이 잘 달래서 보내주신 후. 놀랠만한 말씀을 하셨습니다. 제가 신내림을 받아야한다는 것이었어요.

영적인 능력에 대해서는 거부감이 없고, 오히려 로망이 있던지라 저는 흔쾌히 선생님의 말씀에 따르기로 했고, 그날 행림옥수 외에도 많은 수업을 받았고, 그중 궁금해하던 우니히필리리딩 세션도 받게 되었습니다.

너무나도 반전이 있었어요. 제가 그날 생생하게 느끼고 본 우니히필리는 제가 봤었고, 어느날 자취를 감춰 그 후로도 볼 수 없어진 연월이가 아니었어요. 저는 당연히 작은 달빛 요정이 나오리라 예상했지만 제가 선생님의 인도에 따라서 만나게 된 저의 우니히필리는 작은 아기돼지 베이브였어요. 너무 당황스럽고 웃겨서 처음엔 정말 믿지 못할정도 였어요. 내안의 타인이라지만, 정말 상상도 못했지요. 저는 돼지라는 동물과 연결점이 전혀 없거든요. 시댁 특성상 돼지고기를 자주 먹는다는것?

나의 정신공간이지만 내가 절대로 마음대로 다룰 수 없는 그 마음의 영역에 살고있는 존재. 우니히필리. 제가 봤던 연월이는 허주였던 것이었어요. 그 증거는 제가 들었던 삼일간의 환청이었습니다. 저는 그게 나쁘게 빠져나오며 정화되는 것으로 여겼는데 그게 아니고 허주의 장난이었던 것이지요.

무슨 연유에선가 자취를 감춘건. 아마도 제가 7월에 위치크래프트를 공부하러 서울에 올라갈 일이 있었는데 강의를 하셨던 선생님이 제게 우니히필리 리딩 세션을 해주신 바로 그 분이라서 도망간 것일수도 있다는 추측이 들어요. 연월이의 모습이 없어진게 6월인가 7월정도 였으니까요. 자취를 감추는 것과 함께 여러 가지 상황들이 안좋아진 것도 허주가 남기고간 자취가 아닐까 싶었어요. 어쨌든 이건 추측이고 지난일들이니까.

저는 그렇게 저의 진짜 우니히필리를 만났고 베이브에게 처음 인사를 건넸습니다. 천진난만하게 웃으며 베이브가 인사를 해주더라구요. 품에 안은 감촉이 말랑말랑한것이 갓 태어난 저희 아기와 같았어요. 선생님께서 웃으시며 뭔가 정화를 할 사안을 하나 얘기해보라고 하셔서 저는, 돈에 대한 불안감을 얘기했고, 선생님께서는 베이브에게 어떤 정화도구가 좋을지 물어보라 하셔서 물어보니 커다란 백수정을 얘기하더라구요.

그것을 베이브에게 주라고 하셔서 오감을 동원해 백수정을 하나 베이브에게 만들어주었더니 수정을 아작아작 씹어서 먹더라구요.

나중에 알게 된 패턴인데 저희 우니히필리 베이브는 아기돼지인만큼 정화도구가 먹을 것으로 나오는 사안을 참 좋아합니다. 그만큼 정화도 잘 되구요. 얼마간은 정말 어안이 벙벙했어요. 사실 그렇잖아요, 예쁜 여자요정의 우니히필리가 좋지, 아기 돼지 우니히필리는 상상도 못한 일이었으니까요. 그런 저의 생각에는 아랑곳하지 않고 베이브는 푸른 들판에서 뒹굴며 해를 쪼이고 놀다가 제가 부르면 돌아보면서 제사상 위의 돼지머리와 같은 (하지만 훨씬 귀여운) 웃음을 지으며 저에게 달려와주었습니다.

그 푸른 들판에서 뒹굴며 해를 쪼이는 모습은, 뭐랄까 허례허식 같은 것을 차리지 않는? 예를 들어 전 결혼식같은건 필요없고 결혼예물도 별로 필요없거든요.(실제로 남편과 식도 안했고 예물도 없었고 부모님께 돈도 받지 않았었어요. 일부러 안한건 아니지만 자연스레 그렇게 되었었는데, 남들은 계속 웨딩드레스 입어야한다느니, 가전제품 새거 사야한다느니 뭐라해도 전 아무렇지도 않았거든요 정말) 그런 제 모습을 보는 것 같은 느낌이 들기도 했어요.

무엇보다 정확히 우니히필리를 만나게 되는 방법을 알게 된 후, 정화가 조금 더 쉬워지는 것 같은 느낌이었어요. 이전에 연월이와 할때는 좀 긴가민가 하는 부분도 많았지만 뭐든 아작아작씹고 기분좋게 뒹구는 베이브의 모습을 볼때면 웃음이 나오면서, 가슴

한곳에 자리잡고 있던 정화사안이 무언가 툭 끊어지는 듯한 느낌이 들며 금새 내가 할 수 있는 다른일을 찾아서 한다던가, 휴식을 취하는 제 모습을 볼 수 있었어요. (무엇보다 저의 경험에 있어서는, 긴급정화는 우니히필리와의 만남이 정말 최고~ 에요. 깊은 정화는 깊은 만큼 힘들지만..)

그렇게 베이브와의 첫만남 후, 저는 지식 큐레이션 네이버 카페에서 다섯분에게 우니히필리 리딩을 해드렸습니다. 다섯분의 우니히필리를 만나고, 제가 보았던 우니히필리의 모습과 그들이 좋아하는 것(정화도구)이 무엇이었는지 등을 전해드렸어요. 대부분 본인이 좋아하는것과 성격이 많이 일치한다, 라는 피드백을 주셨어요.

피터래빗은 저도 좋아하는데 제 우니히필리도 좋아하는군요! 다 모아야겠어요.

제가 욕조목욕도 좋아하고 피곤하거나 할때 케이크가 먹고싶어 사먹기도 하고 그랬거든요 이렇게 우니히필리와 통하고 있었던 걸까요??

ㅎㅎ 평소 저의 기질과 우니히필리가 얼마나 연관되어 있는진 모르겠지만 시험 부분이라던지 연애와 관련된 이야기와 같은 부분은 어느 정도 뜻이 통한다(?)란 생각이 들었는데요. ㅎㅎ

치유의 무지개빛에너지가 내몸을 물결치듯 퍼져나가는 상상 가끔 했었는데~~ㅎㅎ무지개가 좋은거군여.꽃도좋아해요..제 성격이랑도 잘 맞는거같구.정화도구 제시해주신것도 제가 좋아하는것이에요~

아마 이렇게 어느정도 우니히필리와 우하네는 서로 연결이 되어 있고, 우니히필리는 자기자신을 표현하나 봅니다. 우니히필리리딩을 하면서, 그리고 다른 분들께서 우니히필리 리딩과 정화를 하고, 받는 것을 보면서 느꼈던 것인데. 사실 우니히필리의 모습은 그렇게 중요하지 않더라구요.

내가 만난 상대방의 우니히필리의 모습을 얘기해드리는 것은 그저 조금 더 알아보기 쉽게 하기 위한 방편일뿐. 오히려 모습을 알려주면 더 헷갈려 하시는 것도 같아요. 저의 경우는 처음에 믿기지가 않아서. 어색해하고, 솔직히 '네가 아니었음 좋겠다.'라는 생각도 했었거든요.

돼지라는 이미지가 저에게는 처음에 그렇게 좋지 않았거든요. 또한 많은 경우 모습에 집착하여 자꾸 시각적으로만 우니히필리와 소통을 하고자 하는 분들도 많이 보았습니다. 이런 경우 오히려 역효과 같더라구요. 정화를 하려고 우니히필리 리딩을 해드리는건데, 자꾸만 모습에 집착하며 정화는 뒷전인 경우를 꽤 보았거든요.

모습을 보지 않아도 그저 정화도구 만으로도 충분하답니다. 굳이 소통하려 애를 쓰거나 모습을 보려고 애를 쓰지 않아도. 우니히필리를 만나는 목적 자체도 정화를 위한 것이니, 정화도구만 아는 것이 오히려 정화 하기에 더 좋은 것 같더라구요.

이게 우니히필리의 모습인가? 하며 헷갈려하며 스스로를 의심하거나 억누르지 않아도, 정화도구는 우하네가 받아들이지 않아도 우니히필리가 받아들여 정화를 하게 되니까요.

저도 굳이 시각적으로 베이브를 만나려고 하지 않습니다. 때로는 어떤 상황이 생기면, 그저 몸의 감각에 집중을 해보아요. 그러면 긴장된 부위가 느껴지고, 그곳을 호흡과 맞춰 천천히 이완합니다. 그러면 시야가 뚜렷해지고 좀 더 안정이 된 마음상태로 주변을 둘러볼 수 있어요. 굳이 베이브를 불러서, 베이브가 와서, 정화도구를 물어보고, 그것을 주고, 이렇게 하지 않아도 정화가 되더라구요.

우니히필리는 감정으로도 자기자신을 표현하기도 하고, 몸으로도 표현합니다. 그것은 또 같기도 해요. 감정이란 결국 뇌에서 나오는 호르몬의 작용이니까요. 이렇게 꼭 시각적인 것에 집착하지 않아도, 몸의 감각으로도 알 수 있고, 자신의 감정상태로도 우니히필리를 알 수 있어요. 모습에 집착하며 정화가 뒷전인것은, 우니히필리를 또 한번 무시해버리는 행동과 같아요.

우니히필리는 나의 운명을 함께하는, 또다른 존재에요. 같은 배에서 다른 역할을 쥐고 있는 것이지요. 우리는 우니히필리가 그 자신의 자리를 지킬 수 있도록 도와주어야 합니다. 그리고 그렇게 될 수 있게 도와주는 것이 정화구요.

  저는 후나를 알고, 우니히필리를 만나면서, 비바람이 찾아와도 배의 키를 놓지 않을 수 있는 힘이 생겼어요. 이전에는 배를 조종하기 너무 힘들때면 나도 모르게 우니히필리의 영역을 침범해 이거해라 저거해라 참견하고 명령하고 화풀이를 한 후 다시 돌아오곤 했는데, 정화를 하며, 우니히필리와 친화도를 계속 높이려하고, 서로의 영역을 존중하려하다보니, 이젠 많은 부분, 강해진 것 같아요.

  우니히필리리딩을 통해 우니히필리와 만나게 되시는 분들, 정화 라이프로 선하고 순한 삶 살게 되시기를 기원합니다.^^

우니히필리와 내 삶을 정화하다_혜진

연락처 : 010-8579-1430

    정화도구에 대한 부분 때문에 우니히필리 리더세션을 꼭 받고싶었어요. 그냥 일반적인 정화도구를 사용해서 정화를 해도 되지만. 나만이 쓸 수 있는 내가 고민하는 부분에 대한 사안별 정화도구를 찾고 싶었거든요. 운좋게 기회가 되어서 우니히필리 리더세션을 받게 되었어요.

    눈을 감고 제가 간 곳은 커다란 나무들이 가득 들어찬 숲이에요. 아주 높은 나무들로 가득찬 숲이라 어찌보면 살짝 어두울 수도 있는 공간. 전부 초록빛깔이었어요~ 온통 초록나무들~ 그래서 어두울 수도 있을 공간이지만. 그 나무들 사이사이로 햇볕이 스며들어있었어요. 나뭇잎 사이사이로 비춰들어오는 햇살이 아주 포근한 그런 숲이었고, 흙길로 된 곳이었어요. 그곳에서 제 우니히필리를 만났어요. 근데 정말이지, 그 공간을 생각하자마자 눈물이 펑펑 쏟아졌어요.

처음엔 그냥 노란 공 같은 느낌이었어요. 조금 맨질한 그런 느낌. 큐레이터님께서 레이키를 줘보라고 하셔서. 레이키를 주니까, 뱀이 나타났어요. 처음엔 노란 느낌이 좀 나서, 이름을 노랭이라고 하니까, 얘가 싫다네요. 그래서 어떤 이름이 좋으냐고 물으니, 베니라고 했어요. 그러고보니까 노란느낌보단 조금 어두운 느낌의 맨질맨질한 뱀이더라구요.

정화할 사안을 하나 생각했고, 어떤 정화도구를 사용할까 하니, 무지개래요. 그리고 무지개를 상상했는데, 베니가 무지개 위에서 뒹굴뒹굴 하네요. 정화를 하고, 베니를 보냈어요. 이제 그 사안에 대한 정화도구는 무지개이니, 무지개를 상상하거나 말하면 정화가 된다고 하셨어요.

그전에는 사실 우니히필리를 만난다거나 정화를 한다는것에 대해 확신이 없었어요. 내가 떠올리고 있는게 그냥 나의 망상은 아닐까, 정말 우니히필리가 맞는걸까 하는 생각이 컸었는데, 세션을 받고나서는 그런 의심이 많이 사라졌어요.

우니히필리를 만난다는게 뭔가 눈에 또렷이 보인다던지 들린다던지 그런걸로 생각해서 나는 우니히필리랑 소통이 참 안되는구나 생각했는데. 세션을 받고나서 그 부분에 대한 의문도 많이 풀렸습니다. 그동안 내가 너무 어렵게 생각을 했었구나. 하는 걸 느꼈어요.

몸&다이어트 정화

우니히필리더세션을 받고 난 후 처음으로 베니를 불러 정화를 한건 다이어트와 제 몸에 대한 부분이었어요. 어릴때부터 한번도 제 몸에 대해 만족을 한 적은 없지만. 살이 찌고 난 후는 더더욱 제 몸을 미워했던 것 같아요. 게다가 다이어트를 하게 되니. 죄책감이나 다른 부정적 기운에 휩싸일 때가 참 많아요.

먹으면 안된다 생각한 음식을 먹었거나. 계획해뒀던 만큼의 운동을 하지 않았거나. 열심히 한다고 했는데도 거울 속 내 모습이 내가 원하는 모습이 아니거나. 저울에 올라갔는데 몸무게가 내 예상을 뛰어넘는다거나.

주말과 월요일까지. 3일동안 운동을 못했어요. 주말에는 쉬느라 잘 안하는 편이고. 월요일은 서울 나갔다 오느라 피곤하다는 핑계로 운동을 쉬었더니. 온갖 부정적 감정들과 생각들이 저를 뒤덮더라구요. 이대론 안된다!! 라는 생각에 이 부분에 대한 정화를 해보자. 하고서는 제 우니히필리 베니를 불렀어요~ 몸과 다이어트에 관련된 정화를 할거야. 정화도구를 알려줄래? 그랬더니만 헐~~~~~~ 칼을 줍니다~~

응? 이거 어쩌라고? 이걸로 찌르라고?? 우리 좀 다른걸로 하믄 안되겠니? 하며 레이키를 보내줬어요. 그랬더니 이번엔 맛사지라고 하네요. 그래서 맛사지하는 상상을 했습니다. 그런데 조금있다보니 베니가 제 몸을 맛사지 하는 장면이 떠올랐어요. ㅋㅋㅋㅋㅋ 뱀이 어케 맛사지를 해줬는지 모르겠습니다. 아무튼. 베니가 해주길래. 제가 물었습니다. 왜 네가 하니? 네가 안해도 되는데. 하니까 너가 맛사지샵엘 안가잖아!!! 아~ 그래. 베니의 맛사지를 받고 정화를 마무리 했어요~ 고마워 베니~^^

이제 거울속 제 몸이 맘에 들지 않을 때. 다이어트를 제대로 하지 못해 죄책감이 들때는 맛사지를 떠올려보려고요. 정화를 핑계삼아 맛사지 샵에도 한 번 가보려고요.

연애에 관련된 정화.

연애에 관련된 안좋은 기억이 많음을 분명 알고있지만. 정화는 자꾸만 피하게 되었어요. 어렴풋한 기억으로 꽤 큰 아픔이었고, 그걸 나 스스로 혼자 정화해낼 수 있을까. 싶은 맘도 들고해서 늘 한편으로 치워뒀던 기억인데. 자꾸만 연애관련 안좋은 기억들과 그 때를 떠올리게 하는 노래들을 들으면서. 정화할 때가 되었구나. 하는 생각이 들었어요. 그렇게 정화를 해보았습니다.

일단 베니를 불렀어요. 크지않은 모습의 초록빛깔의 뱀 베니가 나왔어요. 정화도구로 뭐가 좋겠냐고 물으니 여러가지가 떠올랐다 사라지고 나비가 떠올랐어요. 나비로 어떻게 정화를 하려나~ 하고 봤는데. 와우~ 연애관련 정화 기억들은 참. 어마어마하더라구요. 하늘위에 둥둥 떠있는 풍선들처럼 엄청나게 많은 기억들이 둥둥 떠올랐어요. 그 수많은 기억들을 나비 하나로 다 정화하려면 꽤 시간이 걸릴텐데. 하고 있었는데. 기억들보다 더 많은 수의 나비들이 날아와서 정화를 도와주었어요.

수 많은 나비들이 날개짓에 연애관련 기억들은 하나 둘 정화가 되어가는 모습이었어요. 분명 내가 보고서를 올린다고 아마쿠아가 다 정화를 해주는건 아닌지라. 정화 한번으로 연애관련 기억이 전부 정화가 되지는 않았어요. 그래서 틈날때마다 나비를 떠올리며 정화를 하고 있어요. 아마도 한동안 꾸준히 정화를 해야할 부분이 아닐까 싶습니다.

아들의 우니히필리리딩

아들의 우니히필리는 어떤 상황일까. 싶어 우니히필리리딩을 해봤어요. 아무래도 요맘때 애들은 학교생활이 가장 큰 스트레스를 주는 듯 해서 도움이 될까 싶어서요. 베니를 불렀어요. 가기 전에 먼저 정화를 하자고 했더니 커다란 나무 그늘 밑에서 좀 쉬자고 하네요. 살랑살랑 바람도 불어오는 곳에 앉아 베니랑 잠시 쉬는걸로 정화를 하고. 아들의 우니히필리를 만나러 갔어요.

바닷가. 모래사장이 보였어요. 그런데 여긴 사람들이 많이 찾는 그런 바닷가가 아니라 무인도처럼 보였어요. 사람 한 명 살지 않은 섬에 있는 바닷가 근처. 물고기 한마리가 통통 튀어올랐어요. 저 물고기가 아들의 우니히필리인가보다. 싶어 다가가보니 인어였어요. 그냥 인어. 남자인어 여자인어 구분 안되는 머리가 조금 긴편의 인어가 바위에 앉아있어요.

우니히필리에게 이름을 물어보니 센이라고 하네요.

센은 외롭다고 해요. 소통할 수 있는 사람이 아무도 없는 이곳은 외롭다고. 그러면 사람 많은 곳으로 가면 되지 않겠냐고 하니까. 그건 두렵다고 해요. 다른 사람들과 다른 자신의 모습을 잘 받아들여줄지 모르겠다고.

예전에 아들이 학교생활로 정말 힘들어해서 레이키 힐링시간을 가진적이 있었어요. 저희 아들은 겉으로 보이는 모습은 정말 활발하고 친구들과도 잘지내고. 처음 본 사람과도 잘 사귀는 편이라 아들이 대인관계로 힘들어한다는 것에 대해서는 정말 크게 생각해 본적이 없는데. 그때 레이키 해주면서 아들이 했던 말이. 친구들이 자기를 무시할까봐 그렇게 친구들과 사이가 멀어질까봐 두렵다고 했었어요.

그런데 우니히필리가 전해주는 얘길 듣고있자니 아들의 말이 떠오르더라구요. 그때 신경을 쓴다고 써줬지만. 아직까지 아들은 친구들과의 관계를 힘들어하는게 있구나. 싶어 마음이 참 아팠어요. 정화도구가 어떤게 좋겠느냐고 물었는데. 노래를 들려주네요. 노래를 듣고 부르는게 좋데요. 그런데 요즘 저희 아들이 이어폰 꽂고 노래를 듣고 부르는걸 자주 하고 있어요. 어떤때는 시끄럽다고 뭐라 하기도 했는데. 에궁~ 이제는 노래 더 자주 들려주고 부르는것도 내버려둬야겠어요. 좋은 노래 있으면 다운받아줘야지. 요즘 걸그룹 좋아하던데. 걸그룹 노래를 좀 다운받아줘야겠다. 싶어요~

아들의 우니히필리리딩을 하고, 종종 놀러가서 레이키라도 전해줘야겠다. 하는 생각을 했어요. 그리고 우니히필리리딩 세션을 받은 게 정말 참. 감사한 일이다. 라는 생각이 드네요. 이 리딩후 아들에게 힘들거나 스트레스 받는 일이 있으면 노래 들으면 풀리냐고 물으니 아들이 어떻게 알았냐고. 스트레스 받을 때 노래 들으면 좀 나아진다고 하네요.

딸 우니히필리리딩

아들녀석 레이키힐링 하는걸 보고 자기도 해달라며 와서는 재잘재잘 하소연을 하는 딸아이를 보며 얘도 나름대로 힘든 부분이 많구나 싶었어요. 처음 딸아이 우니히필리를 만나러 가기 전. 베니는 초록빛 풀밭에 드러누워 햇살을 쬐며 정화를 하자고 했어요. 그렇게 드러누워 햇살과 바람을 느끼며 정화를 하고 딸아이 우니히필리를 만나러갔지요.

조금 깊은 숲안쪽 엄지공주 같은 작은 여자애가 보여서 네가 내 딸의 우니히필리냐고 물으니 아니라네요. 응? 그럼 딸아이의 우니히필리는 어디있는거지? 하고 보니 커다란 나무를 타고 다니는 날다람쥐 한마리. 너니? 하고 물으니 맞다고 합니다.

갈색빛깔의 잽싸보이는 날다람쥐. 이름은 씬이라고 했어요. 요즘 딸아이가 힘들어보인다고 학교생활, 선생님과의 관계, 남자아이들과의 관계가 힘들어보이는데. 정화도구로 어떤게 좋겠느냐고 물어봤더니. 카라멜을 보여준다. 젤리 아니고?? 딸아이는 젤리 좋아하는데. 하니 젤리 아니고, 갈색 카라멜을 보여주네요~ 먹어도 되고 먹는 상상을 해도 된다고 하는데. 저만 계속 먹고 있고 딸아이 사다 주지는 못했네요. 카라멜 한봉지 사다줘야겠어요.

계절 정화

찬바람이 불어오는 가을만 되면 알 수 없는 우울함이 몰려와요. 차라리 추운 겨울은 괜찮은데 항상 서서히 싸늘해져가는 가을은 기분이 다운되곤해서 정화를 해보았어요. 베니를 만나러 가니 베니는 꽤 많이 슬퍼하고 있었어요. 만나러가자마자 눈물이 주루룩

흐를정도로. 무엇때문인지 정확히는 알 수 없었지만. 이 계절에 안 좋은 기억들이 꽤 쌓여있는 듯 했어요. 어렴풋이 이 계절에 참 많이 혼났던 듯도 하고, 부모님께서 참 많이 다투셨던 듯도 해요. 베니에게 어떻게 정화를 하는게 좋겠느냐고 정화도구를 물으니 뜨거운 여름바다를 떠올리네요. 해변가 파라솔 아래에서 쉬고 있어요. 파라솔이 햇빛을 조금은 가려주지만 뜨거움을 모두 막아주진 못하는데 그런 뜨거움이 필요하다네요. 아주 조금의 바람도 허용치 않았어요. 너무 뜨거울텐데 시원한 바람은 어떠냐고 해도 바람 한점 없는 뜨거운 햇살을 즐기고 싶다해서 한참 뜨거운 햇살을 즐겼어요. 남들은 시원하다 느끼는 이 계절이 왜 추운 한겨울보다 더 싸늘하게 느껴지는지는 모르겠지만 이 계절이 갈때까지 한동안은 뜨거운 햇살로 정화를 해야할 듯 해요.

신랑 정화

요즘 신랑이 좀 우울해해요. 회사 일도 잘 안풀리는 것 같고 본인도 굉장히 좀 감정이 오르락 내리락 하는 듯 해서 신랑의 우니히필리를 만나러 갔어요. 가기전 정화를 하려고 어떤 정화도구가 필요하니? 했더니 아무것도 하지 않고 누워서 쉬자고 하더라구요.

그래서 그냥 누워서 쉬었다가 신랑 우니히필리를 만나러 갔는데. 조금 어두운 공간에 땅?? 처럼 느껴지는 곳에서 가시를 잔뜩 세운 고슴도치를 만났어요. 아주 날카롭게 모든걸 경계하고 있는 고슴도치의 이름은 베리. 제 우니히필리 베니와 이름이 비슷해서 깜짝 놀랐네요. 베리에게 레이키를 주고 괜찮다~ 해주니까 슬그머니 가시를 거두고 편안한 표정이 되었어요.

왜 그렇게 가시를 세우고 있느냐고 좀 편안히 있어도 된다고 해줬어요. 지금 상황이 불안하다보니 바짝 경계를 하고 있나봐요. 종종 와서 레이키를 좀 해달라고 해서 그렇게 하겠다고 해주고 돌아왔어요. 정화도구를 물으니 백구두를 보여줍니다. 헐~ 신랑이 구두를 좋아하긴 하는데. 백구두가 정화도구라니~ 백구두 사진을 신랑이 자주 다니는 곳에 좀 배치해둬야겠어요.

우니히필리리더세션을 받고 우니히필리리딩을 할 수 있게 된 후 제 주변 가족들 우니히필리 리딩을 해볼 수 있다는게 참 감사하게 느껴졌어요. 아이들도 남편도 마냥 힘들다고 하소연을 하는데 제가 도와줄 수 있는 부분이 없으니까요. 정화를 하고 상황이 나아지지않더라도 아이들이나 남편이 제가 정화를 한다는걸 몰라주더라도 그래도 힘들다 할 때 작은 도움을 줄 수 있어서 감사했어요.

우니히필리와 정화하는 삶_Seraphina
이메일 : seraphina73@naver.com

첫 만남

모든 일에는 때가 있다고 하죠. 휴렌 박사님이 쓰신 「호오포노포노의 비밀」이란 책은 몇 년 전에 읽었지만 그때는 때가 아니었나 봅니다. 호오포노포노의 개념도, 네 마디 말(사랑합니다, 미안합니다, 용서해주세요, 감사합니다)로 정화를 할 수 있다는 것도, 정화의 결과로 삶이 순리대로 흘러가게 된다는 것도 참 신기했지만 직접 해볼 생각은 들지 않았거든요. '정화라는 걸 하면 정말 책에서 말하는 것처럼 될까?' 궁금하면서도 '세상에 이런 신기한 것도 있구나'하고 그냥 넘겼고 그렇게 몇 년이 지났습니다. 책 한 권 더 읽은 거였죠.

그러다 2014년 봄 문득 다시 그 책이 읽고 싶어져서 도서관에서 책을 빌려 두 번째로 읽었습니다. 처음에 읽었을 때는 그저 신기한 내용의 책이었을 뿐인데 두 번째 읽을 때는 좀 달랐습니다. 저한테는 그때가 호오포노포노와 제대로 만날 때였었는지 마음이 움직였습니다. 그래서 관련된 책을 적극적으로 더 찾아서 읽고, 호오포노포노 관련 카페에 가입해 글도 읽고, 우니히필리 리딩도 받고, 강의도 들었습니다. 머리로 아는 데서 그치지 않고 정말 효과가 있는지 없는지 직접 해보고 싶었습니다. 무슨 특별한 계기가 있었던 건 아닙니다. 사는 게 너무 고달파서 정화를 하면 사는 게 좀 편해지지 생각한 것도 아니고요.

첫 걸음

처음에는 일단 우니히필리와 친해지는 것부터 시작했습니다. 책만 읽었을 때는 단순하게 네 마디 말만 하면 되는 줄 알았는데 그게 아니더라고요. 정화를 하기 위해서는 우니히필리의 도움이 꼭 필요한데 우니히필리의 도움을 받기 위해서는 우니히필리의 존재를 인정하고 살피는 게 먼저였습니다. 나의 우니히필리에 대해서도, 우니히필리와 소통하는 방법에 대해서도 아는 기 없으니 하라는 대로 무조건 따라했습니다. 아침에 일어나면 잠이 안 깨 비몽사몽 하는 상태로 나의 우니히필리에게 아침 인사를 했습니다. '잘 잤니?', '기분은 어때?' 이렇게요. 밥을 먹을 때는 그냥 먹지 않고 '뭐 먹을까? 밥 먹을까? 뭐 다른 거 먹을까?' 물었고, 차를 마실 때는 '파란색 커피잔에 마실까?', '머그컵에 마실까?' 물어봤습니다.

물론 처음에는 아무것도 느껴지지 않았습니다. 나의 우니히필리가 기분이 좋은 건지 나쁜 건지, 밥을 먹고 싶은 건지 국수를 먹고 싶은 건지, 커피를 마시고 싶은 건지 핫 초코를 마시고 싶은 건지 정말 알 수가 없었어요. 난 자꾸 말을 거는데 상대가 뭐라고 하는 건지, 반응이 있기는 한 건지 알 수가 없으니 꼭 빈 공간에 대고 말을 거는 느낌이었습니다. 하지만 조바심 내지 않고, 실망하지 않고 꾸준히 나의 우니히필리와 소통하려고 노력했습니다. 나라도 수십 년 모른 척하고 지낸 사람이 친해지고 싶다고 잠깐 노력 좀 한다고 냉큼 상대 안 해줄 거 같았거든요. 소통하려는 노력 자체가 중요한 거라는 말만 믿고 꾸준히 노력하며 시간에 맡겼습니다.

그렇게 어느 정도 하다 보니 언젠가부터 조금씩 뭔가가 느껴지기 시작했습니다. 아침에 일어났는데 어떤 날은 어쩐지 기분이 좋았고, 어떤 날은 어쩐지 기분이 좋지 않았고, 어떤 날은 어쩐지 떡볶이가 당겼고, 어떤 날은 어쩐지 달걀부침을 해서 밥에 비벼 먹고 싶었습니다. 어쩐지 그런 느낌, 그게 나의 우니히필리가 내는 목소리였습니다. 그러면서 몸의 감각에도 더 예민해졌습니다.

한 걸음 앞으로

우니히필리와 어느 정도 소통이 된 후에는 본격적으로 정화를 시작했습니다. 물론 정화도 처음에는 쉽지 않았습니다. 우니히필리의 도움을 받아 기억을 찾는 것도 쉽지 않았고, 찾은 기억을 어떻게 정화해야 하는 건지, 정화가 되기는 된 건지 감이 오지 않았습니다. 하지만 뭐든지 하다 보면 는다고 자꾸 하다 보니 감이 왔습니다. 내 목소리와 내 우니히필리의 목소리가 구분이 됐고, 가득했던 잡음이 걷혀지면서 기억을 찾는 것도 수월해졌습니다. 정화가 습관이 되면서는 정화를 해야 할 타이밍을 더 빨리 알아챌 수 있었고, 정화를 한 후 미세한 몸의 변화도 알아챌 수 있게 됐습니다. 어느새 정화는 일상이 됐습니다. 매일 밥을 먹고, 양치질을 하고, 일을 하고, 책을 읽는 것처럼 하루 일과를 짜면서 정화할 시간을 떼어둡니다. 매일 밤마다 자기 전에 그날의 정화를 하고, 여행을 가거나 사람들을 만날 일이 있으면 미리 정화를 했습니다.

정화를 하면서 특정한 결과를 기대하지는 않았습니다. 'Just do it' 정신으로 그냥 하는 거죠. 어떤 결과를 기대하고 정화를 했다면 힘들어서 오히려 중간에 그만뒀을지도 모릅니다. 일에 대한 정화를 할 때도, 돈에 대한 정화를 할 때도, 가족에 대한 정화를 할 때도, 연애에 대한 정화를 할 때도 아무것도 기대하지 않고 그냥 했습니다. 연애에 대한 정화를 하면서 '연애에 대한 정화를 했으니 남자친구가 생기겠지'라고 생각하지 않았습니다. 돈에 대한 정화를 하면서도 '돈에 대해 정화했으니 조건이 더 좋은 거래처가 생기거나 수입이 좋아지겠지' 기대하지 않았습니다. 내가 할 수 있는 일을 할 뿐 정화의 결과는 내가 어떻게 할 수 있는 게 아니니까요. 물론 정화의 결과로 남자친구가 생기거나 수입이 는다면 '앗싸'하고 즐기겠죠. 룰루랄라 하면서.

정화를 처음 하면서도 정화의 결과에 집착하거나 특정한 결과를 기대하지 않을 수 있었던 건 그동안 습관이 돼 있었기 때문이 아닐까 생각합니다. 전 가톨릭 신자인데 정화를 해보니 기도와

똑같았거든요. 전 이루고 싶은 게 있을 때 하느님께 청원의 기도를 한 후 결과는 내 소관이 아니라는 자세로 하느님께 맡기는데(제가 원하는 게 결과적으로 봤을 때 저한테 좋지 않은 걸 수도 있고, 저한테 뭐가 더 좋은지는 하느님께서 더 잘 아시니까요) 정화라는 것도 내가 할 수 있는 일(정화)을 할 뿐 결과는 내 소관이 아니니까요. 믿고 맡기고 기다리는 자세가 가톨릭 신앙의 자세와 똑같아 편했는지도 모르겠습니다. 나중에 알고 보니 모르나 여사도 가톨릭 신자였다고 하네요.

닮은 면이 또 있습니다. 호오포노포노에서는 모든 걸 100퍼센트 나의 책임으로 여기는데 가톨릭에서도 미사 중에 주먹으로 자신의 가슴을 가볍게 세 번 톡톡 치면서 "내 탓이오. 내 탓이오. 내 탓이로소이다"라고 고백하는 게 있거든요. 어떤 사람은 다 내 잘못인 거 같아 죄책감이 들어서 불편하다고 하던데 전 그래서 좋았습니다. 제가 느끼기에 '100% 나의 책임'이라는 말이나 '내 탓이오'이라는 고백은 죄책감을 가지라는 뜻이 아니라 다른 사람이나 다른 거 핑계대지 말고 책임감을 가지라는 뜻 같거든요. 다른 사람 핑계대지 않고 모든 것을 내 책임으로 인정할 수 있는 자세가 전 좋습니다. 내 책임이라면 내가 어떻게 할 수 있는 여지가 있지만 내 책임이 아니라면 내가 할 수 없는 게 아무것도 없으니까요.

정화 후 변화

덕분에 정화를 시작한 지 아직 일 년이 되지 않았지만 마음이 많이 편안해졌습니다. 내가 할 수 있는 것과 내가 할 수 없는 것을 더 확실하게 구분할 수 있게 됐고, 내가 할 수 있는 일에 더 집중하는 대신 내가 어쩔 수 없는 것에 마음을 덜 두게 됐습니다. 그러니 일상도 더 평화로워졌습니다. 내가 변하니 세상이 변하더라는 말이 이제는 조금 이해가 됩니다. 머리가 아니라 경험으로. 함께 있는 게 불편했던 사람이 있는데 상대는 전혀 달라진 게 없지만 내가 변하니 그 사람과 함께 있는 게 전처럼 불편하지 않고, 무언가를 좋은 것, 싫은 것으로 판단하는 마음이 많이 사라지니 좋고 싫은 판단으로 생기는 불편함도 많이 사라졌습니다.

마음만 변한 건 아닙니다. 현실에서도 변화를 느낍니다. 새로운 사람들과 인연이 닿았고, 세상이 주는 크고 작은 깜짝 선물을 많이 받았습니다. 주변 사람들의 마음과 생활이 더 안정적이 됐고, 저 역시 이렇게 다른 분들과 함께 책을 내는 경험을 할 수 있게 됐습니다. 제일 깜짝 놀랄만한 변화는 중학생 때 시작된 만성 피부 질환이 저절로 깨끗이 나은 것입니다. 심한 편은 아니었지만 저도 여자라 신경이 쓰였는데 현대 의학으로는 암과 같은 불치병으로

취급받는 만성 피부질환이 저절로 나았으니 저한테는 기적이지요. 특별히 그걸 주제로 꾸준히 정화한 것도 아니고 생활하는 환경을 바꾼 것도 없는데 저절로 낫다니 정확한 이유는 알 수 없지만 저는 지난 열한 달 매일 정화를 한 결과가 아닐까 생각합니다. 만약 이런 결과를 기대하고 정화를 했다면 감흥이 덜했을 수도 있을 텐데 전혀 생각하지 못한 변화라 아직도 신기합니다. 신기해서 엄마한테도 자랑을 했는데 오랫동안 제가 그걸로 고생한 걸 알기 때문에 엄마도 신기해하세요.

그리고 또 한 걸음 더

2015년 초여름에는 우니히필리 이미지 리더 세션도 받았습니다. 전부터 다른 사람의 우니히필리를 읽을 수 있으면 가까운 사람들을 도와줄 수 있을 거 같아 궁금하기는 했지만 제 능력 밖의 일인 거 같아 욕심내지 않고 있었는데 기회가 닿아 망설이지 않고 신청했습니다. 그리고 세션을 받은 후에는 처음 마음대로 제일 먼저 그때 일 때문에 마음고생을 하고 있던 동생의 우니히필리를 읽고 정화를 해줬습니다. 물론 동생은 호오포노포노와 정화를 모르기 때문에 얘기는 해주지 않았지만 정화 덕분인지 다행히 그 후 마음을 잡았고 몇 달째 계속 평소보다 일이 잘 돼 감사하는 마음으로 잘 지내고 있습니다.

친구에게 정화 부탁을 받고 정화를 해준 적도 있습니다. 최근에 그 친구에게 피드백을 받았는데 정화가 효과가 있었다고 해서 기분이 참 좋았습니다. 돈 많이 벌어서 한 달 통째로 정화를 맡기고 싶다고 하기에 말로는 "나 고정 수입원 생기는 거야?"라고 농담을 했지만 가까운 사람에게 도움이 되고 싶은 처음 마음이 이루어져서 정말 뿌듯했습니다. 아마 그 친구가 저를 믿고 좋아하기 때문에 정화가 잘된 게 아닌가 싶어요. 그 친구가 원고 쓴다고 일부러 써서 보내준 후기를 덧붙입니다.

> 지난겨울 처음으로 Seraphina님께 정화신청을 했습니다.
> 제가 감당하기 힘든 상황에 어찌해야 할지 몰랐고, 그때 떠오른 분이 Seraphina이었어요.
> 그때 정화를 부탁하고, 정화를 해주시면서 제가 문제를 어떻게 해결해야 할지 떠오르고, 편안하게 풀렸던 기억이 나네요.
> 그리고 올여름 제게 다시 찾아온 복잡한 문제들이 있었어요.
> 저는 어떻게 해야 할지 몰랐고, 마음이 굉장히 힘들었습니다.

다시 Seraphina님이 떠올랐어요.

정화를 부탁하고 며칠이 지난 뒤부터 마음이 놓이기 시작했습니다.

제 상황은 변한 것이 없지만 제 마음은 조금씩 변화하기 시작했어요.

편안해지고, 누군가 곁에 있다는 것이 큰 힘이 되었답니다.

저는 아마도 다시 어떤 일이 생길 때 Seraphina님께 말씀드릴 거예요.

단순한 믿음으로 호오포노포노 정화를 하고 계신 Seraphina님이 계셔서 늘 든든합니다.

앞으로도 한 걸음씩

전 호오포노포노를 알고 정화한 지 아직 일 년도 안 된 신생아입니다. 여전히 모르는 게 많아서 다른 분들의 글이나 경험을 읽고 계속 배웁니다. 아는 것보다 모르는 게 더 많죠. 그래서 앞으로도 계속 경험하며 배우려고 합니다. 무언가를 기대하지 않고 'Just do it' 정신으로 계속 정화하고 정화하다 보면 일 년이 지나고, 삼 년이 지나고, 십 년이 지나며 정화가 또 다르게 다가오지 않을까 생각합니다. 호오포노포노와 정화를 알게 돼서 참 다행입니다.

이 책을 읽으신 분들께 드리는 보편적 정화도구

음란함을 정화하는 도구 : 약수터의 파란 물바가지

일이 복잡해진 것을 정화하는 도구 : 고층 빌딩

마음의 아픔을 정화하는 도구 : 불타는 심장

금전적 곤궁함을 정화하는 도구 : 회전하는 금화

게으름을 정화하는 도구 : 천사의 날개

아이디어가 나오지 않음을 정화하는 도구 : 초록색 초

몸의 피로를 정화하는 도구 : 금속 사다리

몸과 마음의 밸런스를 정화하는 도구 : 유리로 된 연꽃

조급함을 정화하는 정화도구 : 빨간색 스포츠카

책을 내는 데에 도움을 주신 분들(가나다, ABC순)

강수빈 님, 김도경 님, 김민성 님, 김성록 님, 김영우 님, 김예지 님, 김현정 님, 마도 님, 박규용 님, 박효진 님, 배연대 님, 보손소올말 님, 사랑 님, 서민호 님, 서옥 님, 서재성 님, 손진아 님, 송인덕 님, 신경진 님, 신수정 님, 신창우 님, 안승수 님, 양재은 님, 유호용 님, 윤준기 님, 이동훈 님, 이복숙 님, 이샛별 님, 이유진 님, 이진욱 님, 임심원 님, 임주영 님, 장소민 님, 전영욱 님, 정선 님, 조병만 님, 성수연 님, 전성호 님, 전민구 님, 정윤제 님, 정지운 님, 청오 님, 최근민 님, 최진솔 님, 한글영웅 님, 흐르는물 님, hero 님, ranian 님, Shanti 님

펀딩을 통해 이 책이 세상에 나와 빛을 밝히게 도와주셔서 감사합니다.

하와이 힐링과 함께하는 내면 아이 치유
우니히필리 이야기

펴낸날 | 초판1쇄 2016년 3월 22일
지은이 | Kahuna Park(박한진)외 14인
펴낸이 | 강형주
펴낸곳 | 지식문화공동체 성숙한삶
주소 | 서울시 강남구 강남대로84길 15, 721호(역삼동, 효성해링턴타워더퍼스트)
전화 | (02)830-7555
홈페이지 | www.livingmature.co.kr
이메일 | igs@livingmature.co.kr

일러스트 | 정소연, 정유리
디자인 | 손인균
기획 · 책임편집 | 손인균

ISBN 978-89-968930-9-7 03290

※ 이 책은 저작권법에 따라 보호받는 독창적인 저작물이므로 무단전재와
  무단복제를 일체 금하며, 이 책의 내용 전부 또는 일부를 이용하려면
  반드시 저작권자와 성숙한삶의 서면 동의를 받아야 합니다.

※ 잘못 만들어진 책은 서점에서 교환해드립니다.

값 : 10,000원